Kunsthaus Lempertz

Gemälde-Sammlung des Rentners Herrn Edward Habich zu Cassel

Kunsthaus Lempertz

Gemälde-Sammlung des Rentners Herrn Edward Habich zu Cassel

ISBN/EAN: 9783743658608

Hergestellt in Europa, USA, Kanada, Australien, Japan

Cover: Foto ©Thomas Meinert / pixelio.de

Weitere Bücher finden Sie auf **www.hansebooks.com**

DIE AUSGEWÄHLTE UND REICHHALTIGE

GEMÄLDE-SAMMLUNG

DES RENTNERS HERRN

EDWARD HABICH

ZU CASSEL

KATALOG

DER AUSGEWÄHLTEN UND REICHHALTIGEN

GEMÄLDE-SAMMLUNG

DES RENTNERS HERRN

EDWARD HABICH

ZU CASSEL

GEMÄLDE ERSTEN RANGES VON HERVORRAGENDEN MEISTERN DER HOLLÄNDISCHEN, FLÄMISCHEN, DEUTSCHEN, ITALIENISCHEN UND ENGLISCHEN SCHULEN DES XV. BIS XVIII. JAHRH.

VERSTEIGERUNG ZU CASSEL

DEN 9. UND 10. MAI 1892

IM GROSSEN SAALE DES KUNSTHAUSES

DURCH DIE HERREN

HEINRICH LEMPERTZ JR I. F. J. M. HEBERLE (H. LEMPERTZ' SÖHNE), KÖLN

UND

JOSEF TH. SCHALL, BERLIN

BESICHTIGUNGSTAGE: SAMSTAG DEN 7. UND SONNTAG DEN 8. MAI VON MORGENS 10 UHR BIS NACHMITTAGS 5 UHR

VERKAUFS-ORDNUNG UND BEDINGUNGEN SIEHE UMSTEHEND

KÖLN 1892

DRUCK VON M. DUMONT-SCHAUBERG

Verkaufs-Ordnung.

Montag den 9. Mai 1892, Nachmittags 3 Uhr:

No. 1—53.

Dienstag den 10. Mai 1892, Vormittags 9½ Uhr und Nachmittags 3 Uhr:

No. 54 bis Schluss.

☞ *Die Reihenfolge des Katalogs wird in den einzelnen Vacationen* ***nicht*** *innegehalten.*

Die mit einem * bezeichneten Nummern gelangen nicht zur Versteigerung (vergl. Vorwort).

Bedingungen.

ie Sammlung ist in Cassel im grossen Saale des Kunsthauses zur Besichtigung ausgestellt:

Samstag den 7. und Sonntag den 8. Mai 1892

von 10 Uhr Morgens bis 5 Uhr Nachmittags.

Nur den mit Katalogen und Eintrittskarten versehenen Personen ist die Besichtigung der Sammlung und Beiwohnung der Versteigerung gestattet. Den Besuchern wird bei der Besichtigung und Untersuchung der Gemälde die grösstmöglichste Vorsicht empfohlen, damit kein Gegenstand beschädigt werde. Jeder hat den auf diese Weise angerichteten Schaden zu ersetzen.

Der Verkauf geschieht gegen **baare Zahlung.** Ausser dem Steigpreise hat der Ansteigerer das gewöhnliche Aufgeld von 10% per Nummer zu entrichten. Die Gemälde werden in dem Zustande verkauft, worin sich solche befinden. Nachdem durch die Ausstellung dem Publicum Gelegenheit geboten, sich über den Zustand der ausgestellten Gemälde zu unterrichten, kann nach geschehenem Zuschlage keinerlei Reclamation berücksichtigt werden.

Sollte durch einen Zuschlag bei erfolgtem Doppelgebote sich ein Streit entwickeln, so wird augenblicklich der Gegenstand von Neuem ausgesetzt, um jedem Theile auf die unparteiischste Weise zu begegnen.

Die Ansteigerer sind gehalten, ihre Ankäufe nach jeder Vacation in Empfang zu nehmen und Zahlung dafür incl. des Aufgeldes von 10% per Nummer an den Unterzeichneten zu leisten; widrigenfalls behält sich der unterzeichnete Auctionator das Recht vor, die angesteigerten, nicht in Empfang genommenen Gemälde auf Kosten und Gefahr des Ansteigerers wieder zu verkaufen. Die Aufbewahrung bis zur Abnahme und Bezahlung geschieht mit möglichster Sorgfalt, **jedoch auf Gefahr des Ansteigerers.**

KÖLN, 1. April 1892.

J. M. HEBERLE (H. Lempertz' Söhne).

Der Katalog ist durch alle Kunsthandlungen des In- und Auslandes zu beziehen und vorräthig bei den nachstehenden Firmen:

Amsterdam.	Frederik Muller & Co., Antiquairs, Doelenstraat 10.
Berlin.	Josef Th. Schall, W. Potsdamerstrasse 3.
Breslau.	Theodor Lichtenberg, Zwingerplatz 2.
Bruxelles.	Fédération artistique.
	V. Schmidt, Successeur, Ancienne Maison Goupil & Cie., 52 Rue de la Madeleine.
Budapest.	Egger Testuérek, Dorottya-Utcza 9.
Cassel.	Max Cramer, Museumstrasse 5.
	Theodor Kay, Königstrasse 30.
Dresden.	Ernst Arnold's Hofkunsthandlung, Schlossstrasse.
Frankfurt a. M.	G. Kohlbacher (Kunstverein), Junghofstrasse.
	F. A. C. Prestel, Rossmarkt.
Hamburg.	Louis Bock & Sohn, Kunsthandlung.
	Adolf Fröschels, Hofantiquar.
Kjøbenhavn.	Emil Bergmann, Boghandel, K. Hovedvagtsgade 1.
Köln.	Gebr. Bourgeois, Kunsthandlung.
	J. M. Heberle (H. Lempertz' Söhne), Breitestrasse 125/127.
Leipzig.	F. Fleischer, Buchhandlung.
	E. A. Seemann, Buchhandlung.
	Pietro Del Vecchio, Markt 9/10.
London.	Martin H. Colnaghi, Marlborough Gallery, 53 Pall Mall.
	Agnew & Sons, 39a Old Bond Street, W.
München.	E. A. Fleischmann's Hofkunsthandlung, Maximilianstr 1.
New-York.	W. Schauss, 204 Fifth Avenue.
	M. Knoedler & Co., 170 Fifth Avenue.
Paris.	Bureaux du Journal des Arts, 1 Rue de Provence.
St. Petersburg.	A. Beggrow, Newsky 4.
Rom.	Loescher & Co., Corso 307.
Stockholm.	Levertin & Sjöstedt.
Stuttgart.	H. G. Gutekunst, Olgastrasse.
Wien.	H. O. Miethke, Kunsthandlung, Neuer Markt 13.
Zürich.	C. M. Ebell, Buchhandlung.

enn eine mit so viel Liebe und Verständniss gepflegte, dem festen Gefüge einer staatlichen Galerie, obschon nur leihweise, so doch seit vielen Jahren angehörige Gemälde-Sammlung plötzlich auf dem Wege einer Versteigerung zerstreut werden und in verschiedene noch unbekannte Hände übergehen soll, so ist das für das Kunstleben einer Stadt oder eines Landes im Allgemeinen eine ebenso unerfreuliche, als bedauerliche Erscheinung und mit wahrer Wehmuth sieht besonders der Kunsthistoriker, welcher mancherlei Anregung und literarischen Stoff aus der Gesammtheit einer solchen geschöpft hat, dieselbe dem Hammer des Auctionators verfallen, umsomehr, wenn, wie in der neueren Zeit so vielfach, es schon bei Lebzeiten des Besitzers geschieht.

Dieses Schicksal ist nun auch der **Habich'schen Sammlung alter Meister** bestimmt, welche seitens ihres hochherzigen Besitzers, und zwar auf specielles Ersuchen und mit Genehmigung der Regierung der dieser Behörde unterstellten Königlichen Gemälde-Galerie zu **Cassel,** im Jahre 1880 leihweise auf eine bestimmte, schliesslich bis zum April 1892 ausgedehnte Frist überlassen wurde.

Diese Thatsachen sind jedoch wohl international so bekannt, wie die Sammlung selbst, welche in der neueren Kunstliteratur so vielfach citirt und besprochen wurde, dass der Verfasser dieses Kataloges sich füglich ersparen konnte, dem an und für sich schon kritisch gehaltenen und mit gewissenhaften Angaben aller Art versehenen Inhalt ein, wenn auch nur kurzes Vorwort vorauszuschicken.

Doch dürfte es für diejenigen, deren Wege bisher nicht über Cassel geführt, nicht uninteressant sein, über die nach zweitägiger Separatausstellung im grossen Saale des dortigen Kunsthauses am 9. und 10. Mai d. J. stattfindende Versteigerung sowohl, wie über die Hauptanziehungspunkte der Habich'schen Sammlung einiges immerhin Bemerkenswerthe zu erfahren.

Dass dieselbe nur Hauptwerke allerersten Ranges enthält, dagegen spricht schon der Umstand, dass sie auch bezüglich aller ihrer im Laufe der Jahre gemachten Ergänzungen den Zweck verfolgte, die in der Königlichen Galerie vorhandenen kunstgeschichtlichen Lücken auszufüllen. Aber eben desshalb gehört die Habich'sche unstreitig zu den eigenartigsten und interessantesten Privatsammlungen Deutschlands; sie legt als solche ehrendes Zeugniss ab von dem hochausgebildeten Kunstsinn ihres Besitzers und seiner Berather, deren feine Kennerschaft und deren richtiges Gefühl derselben in hochanzuerkennender Weise zu Gute gekommen sind.

Zu diesen uneigennützigen, bezüglich ihres Kunsturtheils allseitig gewürdigten Männern zählt in erster Linie Herr **Dr. Otto Eisenmann,** der langjährige Director der Casseler Galerie, von welchem, besonders was die holländischen, niederländischen und altdeutschen Schulen betrifft, die Bestimmungen der Autorschaft der Habich'schen Gemälde fast durchweg herrühren, während diejenigen der italienischen Meister **Giovanni Morelli** (Ivan Lermolieff) zu verdanken sind, der bis zu seinem Tode dem Besitzer jahrelang befreundet war. Dieser für Herrn Habich unersetzliche Verlust, liess in ihm den Entschluss reifen, sich zunächst von seinen Gemälden für immer zu trennen, um sich ferner nur noch seiner bedeutenden Sammlung von Handzeichnungen alter Meister und seiner Liebhaberei für ältere kunstgewerbliche Gegenstände zu widmen.

Dieser Entschluss darf bei seinem hohen Alter umsoweniger überraschen, als Herr Habich im Interesse seiner in Amerika lebenden, das von ihm vor etwa vierzig Jahren dort gegründete Geschäft fortführenden, männlichen Erben auf die sachverständige Realisirung seines umfangreichen Gemäldebesitzes Werth legt. Und das ist die einzige der Wirklichkeit entsprechende, am Ende doch auch einfachste von all den Hypothesen, welche in der letzten Zeit über die nun kommende Versteigerung verbreitet worden sind.

Dieser Katalog nun, der neben dem Zweck, der Versteigerung zu dienen, für alle Freunde der Sammlung eine Art kunstgeschichtlichen Andenkens zu bilden bestimmt ist, umfasst aus diesem Grunde die zu Ende des Jahres 1891 auf 166 Gemälde angewachsene Gesammtheit, von denen sich 152 in der Königlichen Galerie, der Rest aber in der Habich'schen Villa zu Cassel befunden haben. Doch nicht alle diese Gemälde werden zum öffentlichen Angebot gelangen, da ganz besondere Rücksichten die vorherige Abgabe einer kleinen Anzahl erheischten. So gingen theils auf Allerhöchsten Befehl und durch die aus der Königl. Privat-Schatulle bewilligten Mittel Sr. Majestät des deutschen Kaisers, zu welchen der bescheidene Fond der Casseler Galerie hinzukam, zusammen siebzehn Gemälde in den definitiven Besitz der letzteren über, während dreizehn andere von der National Gallery in London erworben und derselben bereits einverleibt worden sind. Es sind dies meistens Werke, deren Meister in den betreffenden Sammlungen unvertreten waren, also keineswegs oder gar ausschliesslich die Elite der Habich'schen Sammlung; sind doch die genannten Galerien reich genug an Werken allerersten Ranges. Andere, von verschiedenen Seiten Herrn Habich gemachte Anerbieten behufs freihändiger Erwerbung einzelner Gemälde hat derselbe rundweg abgelehnt und es bei den genannten zwei Ausnahmen positiv bewenden lassen.

Unter den nicht mit dem Stern bezeichneten 136 Gemälden ist noch eine Fülle von interessanten und seltenen Werken, worunter sich auch mehrere, sowohl kunstgeschichtlich als qualitativ hervorragende Gemälde von Meistern ersten Ranges befinden, wie solche auf unserem deutschen Kunstmarkte nicht oft zum öffentlichen Angebot gekommen sind.

Es ist ein gewisses System in dieser Sammlung; die italienische, altdeutsche, altniederländische, flämische und, besonders zahlreich, die holländische Schule, sie alle sind vertreten! Das Bild der einzelnen, ihre Zeit beeinflussenden Meister wird ergänzt durch die verschiedenen Werke ihrer Vorläufer und ihrer Schüler. Und wenn auch manche der bedeutendsten Sterne unter ihnen fehlen, so trägt doch das Ganze den Stempel einer Art praktischer Kunstgeschichte.

Die Holländische Schule. Neben **Rembrandt**, dessen bekanntes »Bildniss seines Vaters« (No. 122) zu den aus der Habich'schen Sammlung seitens der Casseler Galerie glücklich erworbenen Gemälden gehört, sind ausser dem Lehrer und einigen Vorläufern dieses eigenartigsten Künstlers aller Zeiten und Völker auch seine Schüler reichlich und interessant vertreten. Unter den Vorläufern befinden sich **Elsheimer** (No. 43), **Uitenbroeck** (No. 147/148), der seltene **van Geel** (No. 62), **Pieter Lastmann** mit seinem Hauptwerk »Das Urtheil des Midas« (No. 88), welches ihn als Lehrer Rembrandt's trefflich charakterisirt. An der Spitze der eigentlichen Rembrandt-Schüler seien hier an erster Stelle **Ferdinand Bol** mit seinem stattlichen »Männliches Bildniss« (No. 13), **Gerbrandt van den Eeckhout** mit seinem vorzüglich componirten und ebenso gemalten »Jacobs Traum« (No. 42), **Benjamin Cuyp** mit seiner in Farbe und Technik gleich kraftvollen, bedeutenden »Befreiung Petri aus dem Kerker« (No. 35) und mehrere besonders in coloristischer Beziehung ausserordentlich ansprechende Originalwerke von **Bernard Fabritius** (No. 48—51) erwähnt, denen sich **de Gelder** (No. 63), **Jan Victors** (No. 156), **de Wet** (No. 159—161) und der nur noch in Dresden und Petersburg vorkommende **Marienhof** (No. 98) in meistens sehr gut erhaltenen Staffeleibildern anschliessen.

Aber auch der grosse Haarlemer **Frans Hals** fehlt nicht in der Sammlung, und wenn auch sein »Lachendes Mädchen« (No. 73), das W. Unger überaus glücklich in einer meisterhaften Radirung wiedergegeben hat, im Format ein fast winziges Bildchen ist, so zeigt dieses kleine Bravourstück zur Genüge des Künstlers derben Humor, den feinen blonden Ton und die ihm eigene, wahrhaft geniale Mache.

Von dem jüngeren, durch die neueren Forschungen erst bekannt gewordenen **Jan Fransz Hals** ist ebenfalls ein kleines, seltenes Werk vorhanden, welches die »Halbfigur einer lachenden Alten« (No. 74) darstellt und ein für den Einfluss seines Vaters treffliches Beispiel ist. Derselben Schule angehörig, sind die beiden **Ostades** zu nennen, von denen sich besonders **Adriaen** mit zwei sehr ansprechenden Bildchen, »Die Kartenspieler« (No. 114) und »Die tanzenden Bauern« (No. 115), hervorthut; speciell bemerkenswerth ist das letztere durch seinen vornehmen, bläulich-grauen Ton und durch reiche und ebenso malerische Gruppirung.

Auch **J. A. Duck** (No. 41), **Antoni Palamedesz** (No. 117), der seltene **Jan Le Ducq** (No. 89), **Dirk Maas** (No. 96), **Richard Brakenburgh** (No. 16 und 17), dessen »Unerwünschter Segen« an Feinheit und Humor dem Jan Steen fast ebenbürtig ist, vereinigen in ihren bei Habich vertretenen Werken die Vorzüge der Haarlemer Schule, aus welcher aller Wahrscheinlichkeit nach auch das »Schützenbild« (No. 54) hervorgegangen, das im Katalog aus traditionellen Gründen unter der Bezeichnung: **Govaert Flinck** Aufnahme fand, in Technik und Farbe aber so eindringlich auf Haarlemer Einflüsse und Ursprung hinweist, dass es allen künftigen Besuchern der Londoner National Gallery zu vergleichenden Studien nach dieser Richtung angelegentlichst empfohlen sei.

Besondere Erwähnung verdienen noch **Pieter de Grebber's** »Das Gastmahl des Königs Belsazar« (No. 70) von 1625, ein Galeriebild von hervorragendster Qualität, und der seltene **Dirk Bleeker** mit einer äusserst naiven Darstellung des »Raub der Europa« (No. 10) von ganz origineller Wirkung, welcher ebenso wie »Der ungetreue Knecht« (No. 19) ein mit **„Brouwer“** vollkommen echt signirtes und zweifellos von Rembrandt beeinflusstes Werk der holländischen Schule (nicht zu verwechseln mit Adriaen Brouwer) in Cassel verbleibt.

Von dem ebenfalls seltenen **Pieter de Bloot** besitzt die Sammlung sein Hauptwerk »Das Schweineschlachten« (No. 12). Bloot, dessen Gemälde gelegentlich sehr hoch bezahlt wurden — so z. B. vor einigen Jahren in Köln ein kleineres Bildchen mit über 5000 Mark — zeigt sich in dem Habich'schen Gemälde allerdings als einer der besten Schilderer holländischen Volkslebens, wobei sein technisches Können auf gleicher Höhe steht.

Und jetzt bleibt unter den Repräsentanten der holländischen Maler des häuslichen Genres noch einer zu erwähnen übrig: **Pieter de Hoogh**, »Der Meister des einfallenden Sonnenlichts«. Sein kostbares »Interieur« (No. 79), ein im Spiel der Farben und des Lichts überaus reiches Werk seiner späteren Schaffensperiode, zählt zu den Perlen der Sammlung und lässt in Qualität wie Erhaltung nichts zu wünschen übrig.

Den ersten Platz unter den holländischen Landschaftsmalern in der Habich'schen Sammlung nimmt **Jacob van Ruisdael** mit einem Capitalbildchen »Die zwei Mühlen« (No. 125) ein, dessen überaus malerisches Motiv, dessen Poesie in Farbe und Beleuchtung das Auge des Beschauers entzückt, mit einem Wort ein »paysage intime« ersten Ranges und des grossen Haarlemer Meisters würdig.

Salomon van Ruysdael's von London erworbene »Jagdgesellschaft an einem Waldquell« (No. 129) weist die gleichen bedeutenden Eigenschaften auf, wie desselben Meisters mit zur Versteigerung gelangende »Herbstlandschaft« (No. 128), deren Stimmung und Gesammtcharakter in Verbindung mit der tüchtigen Figurenstaffage Salomon's treue Beobachtung der holländischen Natur in einem vortrefflichen Beispiele zeigt.

In den ansprechenden Landschaften von **Jan Wouwerman** (No. 164), **Cornelis Decker** (No. 36), **Roeland Roghman** (No. 123), **A. van de Velde** (No. 150) und **Hendrik Avercamp** (No. 2) hat die englische National Gallery mehr oder weniger werthvolle Erwerbungen gemacht, während Cassel sich die kleine »Dorflandschaft« (No. 104) von **Pieter Molyn** — wahrscheinlicher von **Pieter Nolpe** — erwarb, welch' letzterer in seiner »Heuernte« (No. 111) ein unbestrittenes Originalwerk liefert, fein und hell wie ein **van Goyen**, dessen »Canallandschaft« (No. 67), ein frühes, farbiges Bildchen, noch die Einflüsse seines Lehrers, des bei Habich in zwei delicat ausgeführten Rundbildchen, »Winter- und Sommerlandschaft« (151 und 152), vertretenen **Esaias van de Velde**, leicht erkennen lässt.

Einige andere tüchtige Landschaften wie die von **Jan van Kessel** (No. 85), **Joris van der Hagen** (No. 72), **Egbert van der Poel** (No. 119), die grosse Marine von **Simon de Vlieger** (No. 157) und die noch grössere »Ideallandschaft« (No. 83) von **Jan Baptist Huysmans** verbleiben der Casseler Galerie. Dagegen gelangen mehrere andere nicht minder vortreffliche Werke der holländischen Landschaftsmalerei zur Versteigerung, wie z. B. solche von **Allaert van Everdingen** (No. 46), **Guillam Dubois** (No. 40), **Verboom** (No. 155), **Frans Post** (No. 120), **Herman Swanevelt** (No. 140) und der seltene **Romeyn de Hooghe** (No. 80). Zu den letzteren gesellt sich eine ausserordentlich fein und hell getönte, sonnig und poetisch gestimmte »Landschaft« (No. 121) von **Adam Pynacker** von brillanter Qualität, und noch ein anderes reizendes Cabinetstück von **Rejnier Zeeman**, dessen »Blick in eine holländische Stadt« (No. 165) zu den besten Werken dieses noch viel zu wenig gewürdigten Schilderers holländischer Natur zählt, wie er es in dieser Stadtansicht (Amsterdam?) verstand, an den Delft'schen Vermeer erinnernde Lichteffecte mit der malerischen Kraft eines Jacob van Ruisdael ebenso pikant als glücklich zu vereinigen.

Unter den Bildnissmalern sind noch **Aelbert Cuyp's** »Männliches Portrait« (No. 33), **Abraham van den Tempel's** lebensgrosses Gruppenbild »Die Geschwister« (No. 141), **Hendrik Terbrugghen's** in Cassel verbleibende »Flötenbläser« (No. 143 u. 144) und endlich **Gerard Terborch's** originelles und in der Farbe sehr geschmackvolles Gruppenbild seiner Familie (No. 142) zu nennen.

Feine, trefflich staffirte Architekturstücke bieten uns die seltenen **Daniel de Blieck** (No. 11) und **Gerrit van den Houckgeest** (No. 82).

Abraham van Beijeren's (No. 7) und **Jacob Gillig's** (No. 64) tüchtige »Stillleben von Fischen« sind durchaus bemerkenswerthe Leistungen, beide fein und silbertönig in der Farbe.

Die Flämische Schule. Die Anzahl der bei Habich vertretenen flämischen Meister ist zwar klein, jedoch fehlt nicht unter ihnen der gewaltigste und farbenprächtigste aller Zeiten und Schulen: **Peter Paul Rubens**! Wir finden hier die interessante »Originalskizze« zu der seinerzeit für die Capuzinerkirche in Cambray gemalten und gänzlich verschollenen »Grablegung Christi« (No. 124), welche uns durch einen Stich Jan Witdoeck's überliefert ist. Dieser unstreitig von Rubens eigener Hand breit und sicher hingeschriebene, übrigens vortrefflich erhaltene Entwurf, ist in Farbe und Composition von lebendigster Kraft und zeigt uns den Meister in seiner ganzen Ursprünglichkeit und Genialität.

Auch Rubens' Schüler, wenigstens zwei derselben: **Frans Francken II** (No. 55) und **Abraham van Diepenbeck** — von dem letzteren ist eine ebenso originelle als feine »Grisaille« (No. 37) vorhanden — fehlen der Sammlung nicht, während unter den übrigen Antwerpener Meistern ein vorzüglich gemaltes, zu der von **Lucas van Uden's** Hand herrührenden, zartgrünen Landschaft im Colorit prächtig gestimmtes »Todtes Wild« (No. 22) von **Jan Brueghel** (Sammet-Brueghel), ferner **Adriaen Brouwer** mit einer fein durchgeführten Wiederholung seines in Karlsruhe befindlichen »Zahnoperateur« (No. 18), Brouwer's Schüler **Joos van Craesbeeck** mit seiner »Zechenden Gesellschaft« (No. 31), das für Cassel erworbene Hauptwerk des Meisters, und **David Ryckaert** mit einem sehr charakteristischen, guten Bilde, »Die Hausmusik« (No. 130), besonders erwähnenswerth sind.

Von dem phantastischen **Jodocus Momper** (No. 105 und 106) und **Adam Willaerts** (No. 163) sind ungewöhnlich gute Werke vorhanden, während das Thier- und Stillleben in dem prachtvollen »Hahnenkampf« (No. 158) von **Paul de Vos**, in dem kleinen, aber sehr charakteristischen **Jan Fyt** (No. 56) und in zwei superbe ausgeführten Blumen- bezw. Fruchtstücken von dem seltenen **Peter Snijers** (No. 135 und 136) beste Repräsentation finden.

Die Altniederländ. Schule. Die Altniederländische Epoche ist nur in wenigen Werken vertreten. In einem reizenden, kleinen Triptychon, »Die Messe des heiligen Gregorius«, aus der **Schule des Jan van Eyck** sprechen die Naivität der Darstellung, die Leuchtkraft der Farben und die Feinheit der Durchführung noch ganz die Sprache des grossen flandrischen Meisters; das kleine chef d'oeuvre ist intact wie ein Email.

Gleich van Eyck ist auch **Roger van der Weyden** nur mit einer seiner Schule entstammenden, aber für den Meister noch recht charakteristischen »Madonna« (No. 162) anzuführen, während ein kleines, dem Anfang des XVI. Jahrhunderts angehöriges Bildchen, »Eremit in einer Landschaft« (No. 110), an die Malweise des Gerard David erinnert.

Die Altdeutsche Schule. Was die altdeutsche Schule betrifft, so sind einige sehr tüchtige Beispiele hervorzuheben, wie z. B. **Hans Baldung** gen. **Grien** mit seinem »Herkules und Antäus« (No. 5), ein doppelt interessantes Werk, welches die Anatomie des nackten männlichen Körpers in einer für Baldung aussergewöhnlich kraftvollen Weise zeigt, während desselben Meisters mit dem Monogramm und der Jahreszahl voll und echt bezeichnete »Maria mit dem Kinde« (No. 4) den strengen Styl und die Technik seines Lehrers Dürer noch deutlicher in die Erscheinung treten lässt, als dies **Hans Leonhard Schäufelin** thut in seiner bei Habich befindlichen »Huldigung des göttlichen Lammes« (No. 131) vom Jahre 1583. Ganz besondere Aufmerksamkeit aber verdient die früher dem Altdorfer zugeschriebene »Verklärung Christi auf dem Berge Tabor« (No. 1), eine zweifellose, in Composition und Durchführung sehr interessante Originalarbeit des **Ulrich Apt (Abt)**, dessen einzig beglaubigte, in Augsburg befindliche Altartafel unstreitig dieselbe Hand zeigt. Schliesslich sei unter den Altdeutschen noch des **Lucas Kranach** gedacht, welcher in einem von ihm mehrfach variirten Thema »Die Wirkung der Eifersucht« (No. 86) die ihm eigene, liebevolle Behandlung sowohl des Nackten als auch des landschaftlichen Beiwerks zeigt. Das Bildchen zählt zu den besten Originalarbeiten Kranach's und reizt doppelt durch seine tadellose Erhaltung.

Die Italienische Schule. Unter den Meistern der italienischen Schule nimmt **Tizian** mit seinem »Portrait Philipps II.« den hervorragendsten Platz ein. Es ist zwar nur ein erster, nach dem Leben sichtlich prima gemalter Entwurf, welcher aller Wahrscheinlichkeit nach um 1550 zu Augsburg, wo Tizian, vom Kaiser Karl V. entsandt, während des Reichstages von 1548 bis 1550 als »Fürst unter Fürsten« geweilt, entstanden ist und allen späteren Philipp-Portraits als Unterlage gedient hat. Aber wie imponirt dieser einfache Entwurf durch die frappante Auffassung Philipp's, des nachmaligen Königs von Spanien, welcher durch Sinnlichkeit des Ausdrucks und durch eine gewisse »Ungeschlachtheit« *) in seiner Gesammterscheinung trefflich charakterisirt ist. Diese in silbertönigen Accorden flott und geistreich auf die Leinwand hingeworfene Skizze ist von geradezu magisch fesselnder Wirkung und verdient unstreitig einen Platz in einer unserer öffentlichen Sammlungen. Das Bild ist erst nach dem Tode Morelli's erstanden, von verschiedenen hervorragenden anderen Capacitäten aber bezüglich seiner Autorschaft als zweifellose Originalarbeit anerkannt.

Neben diesem bedeutenden Werk des grossen Venetianers ragen aus vielem Mittelgut der italienischen Epochen und Schulen noch einige andere, wenn auch nicht erstklassige, so doch durchaus bemerkenswerthe Gemälde hervor.

Da ist zunächst die kleine »Verklärung des heiligen Franziskus« (No. 29) von **Agostino Carracci**, welcher in diesem der Casseler Galerie verbleibenden Staffeleibild, in Bezug auf anmuthige Darstellung und eine an Correggio erinnernde Farbenpracht trefflich repräsentirt erscheint.

Der »Tod der Dido« (No. 90), ein Werk des Sieneser Miniators **Liberale da Verona**, welcher zu den bedeutendsten Raritäten der Habich'schen Sammlung zählte, ist bedauerlicher Weise vorweg ausser Landes gegangen und gereicht bereits der Londoner National Gallery zur Zierde. Ebenso ein von tiefer und edeler Empfindung zeugender »Kopf des kreuztragenden Christus« (No. 137) von **Sodoma**, der neben

*) Crowe und Cavalcaselle, Tizian's Leben und Werke.

seinen Zeitgenossen **Beccafumi** (No. 6), **Neroni** (No. 109) und einem unbekannten Meister von 1370. »Madonna mit Heiligen« (No. 134), welche letzteren drei sich in der Habich'schen Sammlung noch befinden, die sienesische Schule einigermassen zur Geltung bringen, während **Caroto** mit einem lieblichen Madonnabilde (No. 28), **Turchi** mit einer originellen »allegorischen Darstellung des Friedens« (No. 140), vor allen aber **Giolfino's** anmuthiger »Bacchus als Knabe« (No. 65) reizvolle Einblicke in die Schule von Verona um das Ende des XV. und XVI. Jahrhunderts gewähren. Auch einige Florentiner, wie **Bacchiaca** (No. 3) und **Raffaelino del Garbo** (No. 60), ferner die Schulen von Mailand, Genua, Modena, Parma und Toscana, und zwar die letztere in dem etwas späten **Pietro Berrettini da Cortona**, »Diana und Actäon« (No. 30) — ein reiches, farbenfreudiges Bild — sind mehr oder weniger charakteristisch vertreten. In **Garofalo's** prächtigem Cabinetstück »Die heilige Cäcilie« (No. 61) und in **Ludovico Mazzolino's** kleiner, in Composition, Ausdruck und Farbe stimmungsvoller, sehr beachtenswerther »Pieta« (No. 100) lernen wir zwei erfolgreiche ferraresische Meister kennen.

Von den späteren Venetianern sind noch der in Perspective und Farbenstimmung ganz vortrefflichen »Ansicht des Capitols« (No. 26) von **Antonio Canale**, ferner einer der Schule desselben entstammenden »Partie vom Canale grande in Venedig« (No. 27) und eines kleinen **Francesco Guardi** zu erwähnen, welch letzterer in seiner »Partie vom Marcusplatze« (No. 71) durch seine geradezu prickelnde Technik und seine wahrhaft poetische Palette ein Cabinetstück von entzückend malerischer Wirkung schuf.

Die Modernen. Auch auf dem Gebiete der modernen Kunst umschliesst die Sammlung einiges Interessante, wie z. B. die drei geistreich behandelten Landschaften des seltenen **Thomas Gainsborough** (No. 57 bis 59), ein kleines figurenreiches Gemälde des englischen Sittenmalers **William Hogarth** (No. 77) und eine kleine Anzahl erwähnenswerther Werke der deutschen romantischen Epoche dieses Jahrhunderts.

Und so sei denn dieser, ausser mit der vorzüglichen W. Unger'schen Radirung noch mit vier Heliogravüren von Hanfstängl (München) und vierzig Lichtdrucken von Kühlen (M. Gladbach) reich illustrirte Katalog allen Freunden der Kunst zu eingehender Lecture und nachsichtiger Beurtheilung angelegentlichst empfohlen!

So wie bisher die **Habich'sche Sammlung** das öffentliche Interesse der betreffenden Kreise in hohem Maasse besessen hat, so verdient auch die Versteigerung derselben nicht geringere Beachtung; speciell unseren Amateuren wird sie reichlich Gelegenheit bieten in den Besitz anerkannt echter und gediegener, durchweg gut gepflegter und auch bezüglich ihrer Grössenverhältnisse für Privatsammlungen ganz besonders geeigneter Gemälde zu gelangen und so dürfte die Veranlassung zu einem Besuch der von überallher leicht zu erreichenden einstigen Kurhessischen Hauptstadt **Cassel** vielen um so willkommener sein, als damit gleichzeitig der seltene Genuss in Aussicht steht, an der klassischen Stätte und angesichts der zahlreichen berühmten Meisterwerke der dortigen Königl. Gemäldegalerie einige weihevolle und sicher unvergessliche Stunden zu verleben.

Josef Th. Schall.

APT (ABT), ULRICH,

Augsburg um 1500.

1. *Die Verklärung Christi auf dem Berge Tabor.*

(Siehe Abbildung.)

In der Mitte des Bildes, auf der steilen, felsigen Spitze des Berges stehend, von einem Glorienschein umflossen, die Rechte segnend erhoben, der verklärte Christus in weissem Gewande. In Wolken neben ihm, bis zur Hüfte sichtbar, zu seiner Linken Elias, zu seiner Rechten Moses. Zu Füssen Christi, in knieender Stellung, die von der Erscheinung geblendeten Apostel Petrus, Jacobus und Johannes. Im Vordergrunde links kniet der betende Donator im Priestergewande; rechts dem letzteren gegenüber das zweifarbige mit drei Thierköpfen geschmückte Familienwappen.

Dieses früher dem Albrecht Altdorfer (geb. um 1480, † zu Regensburg 1538) zugeschriebene und wohlerhaltene Gemälde hat sich nach neueren Forschungen und Vergleichungen mit dem Augsburger Altargemälde von Ulrich Apt als zweifellos vom demselben Maler herrührend erwiesen.

Auf Holz; Höhe 77, Breite 54 cm.

Photographirt bei Franz Hanfstängl (München).

AVERCAMP (HENDRIK), gen. der Stumme von Kampen,

geb. zu Amsterdam 1585; † zu Kampen 1663.

*2. *Belustigung auf dem Eise.*

Im Vordergrunde weitgeästeter hoher Baum, daneben, zwischen den Häusern einer Ortschaft sich bildeinwärts ziehend, der Fluss, auf dessen Eise sich Schlittschuhläufer, reich gekleidete Cavaliere mit ihren Damen und zahlreiches Volk belustigen. Im Mittelgrunde ragt aus der Fläche ein hohes Castell hervor.

Sehr feines Werk, echt holländisches Leben wiederspiegelnd und superb erhalten.

Unten links bezeichnet: HAH

Auf Holz (rund); Durchmesser 38 cm.

Erwähnt in: Woltmann-Woermann, Geschichte der Malerei, III. Band 2 Seite 867.
Photographirt bei Franz Hanfstängl (München).

BACCHIACA (FRANCESCO d'UBERTINO), Florentinische Schule,

geb. zu Florenz 1494, † 1557.

3. *Die Anbetung der heiligen drei Könige.*

Auf der steinernen Terrasse eines sich rechts erhebenden unvollendeten Gebäudes sitzt Maria, das segnende Jesuskind auf ihrem Schoosse, welchem die heiligen drei Könige, von zahlreichem Gefolge umgeben, huldigend ihre Geschenke darbringen. Rechts neben der Gottesmutter kniet Joseph; um ihn herum das herbeiströmende Volk. Im Hintergrunde die von bergiger Landschaft eingeschlossene Stadt, über welcher hoch oben am Himmel der Stern Bethlehems steht.

Dieses aus der spatesten Epoche des Meisters stammende Werk trägt einige geringfügige Uebermalungen.

Auf Holz; Höhe 102, Breite 78 cm.

Erwähnt in: Ivan Lermolieff (Morelli) I. Theil pag. 137.
Die Bestimmung der Autorschaft rührt von Giovanni Morelli her.

BALDUNG (HANS), gen. Grien,

geb. zu Gmünd (Schwaben) 1476; † zu Strassburg i. E. 1545.

4. *Maria mit dem Kinde.* (Siehe Abbildung.)

Brustbild en face, auf rothem Grunde. Die Maria ist mit blauem ausgeschnittenen Gewande, weissem, den Hals freilassenden Brusttuch und violettem, vom Kopfe herabhängenden Mantel bekleidet; das blonde, tief herabwallende Lockenhaar ist mit einem um Stirn und Schläfe gewundenen Schleier bedeckt. Mit der Linken hält sie das nackte schlummernde, mit Hand und Köpfchen an ihrer Schulter lehnende Jesuskind, mit der Rechten den Mantel.

Gutes, vortrefflich erhaltenes, in Nacheiferung Dürers sehr charakteristisches Werk.

Oben links in der Ecke bezeichnet: HGB 1.5.1X.

Auf Holz; Höhe 63, Breite 35 cm.

Photographirt bei Franz Hanfstängl (München).

Collection Habich

Hans Baldung gen. Grien
No. 1

Collection Habich

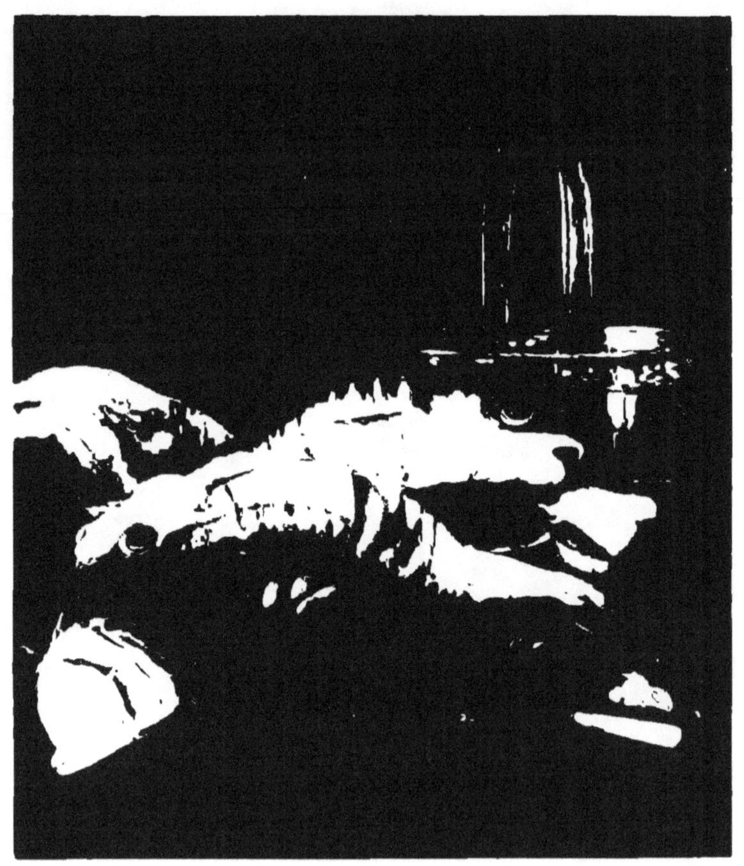

Abraham van Beyeren
No. 7

5. *Herkules und Antäus.*

Dieselben sind in nackter ganzer Figur auf dunkelm Grunde und auf einem Stück Erdreich stehend im Kampfe dargestellt. Der bärtige Herkules, dem vom Haupte über den Rücken das Löwenfell herabwallt, ist eifrig bemüht, Antäus, den Sohn der Erde, vom mütterlichen Boden aufzuheben, um ihn in der Luft zu erdrücken.

Dieses interessante Werk ist für Hans Baldung von ganz ungewöhnlicher Kraft.

Auf Holz; Höhe 153, Breite 65 cm.

BECCAFUMI (DOMENICO oder DOMENICO DI JACOPO DI PACE), gen. Meccherino (Schule von Siena),

geb. zu Siena um 1486; † ebendaselbst 1551.

6. *Madonna.*

Im Vordergrunde, in halbsitzender Stellung, mit rothen und grünen Gewändern bekleidet, den Blick zur Erde gesenkt, die Gottesmutter, mit ihrer Rechten das neben ihr stehende Jesuskind umfangend. Rechts weiter zurück die heilige Catharina von Siena im Klostergewande, mit Blumenstengeln in der Hand; links ein Baumstamm und dahinter eine Anhöhe mit tempelartigem Gebäude.

Die Erhaltung des Gemäldes lässt einigermaassen zu wünschen übrig.

Auf Holz (rund); Durchmesser 21 cm.

Die Bestimmung der Autorschaft rührt von Giovanni Morelli her.

BEIJEREN (ABRAHAM VAN),

geb. im Haag 1620 oder 1621; † zu Alkmaar 1674.

7. *Stillleben von Fischen.* (Siehe Abbildung.)

Auf einer mit dunkelm Tischtuche halbbedeckten Holzplatte liegt in und neben einem flachen Korbe eine Anzahl geschlachteter Fische, dazwischen ein Messer und vor der grauen Wand des Hintergrundes rechts ein Henkelgefäss von Messing.

Eines der besten Fischstücke des Meisters.

Unten rechts auf der Tischkante bezeichnet: AB.f.

Auf Leinwand; Höhe 71, Breite 63 cm.

BERGEN (DIRK VAN),

thätig zu Haarlem zwischen 1661 und 1690.

8. *Halt vor einem Wirthshause.* (Siehe Abbildung.

Im Vordergrunde, vor einem Wirthshause, steht die Wirthin; daneben eine am Boden hockende Frau, eine andere auf einem reichgeschirrten Maulthier sitzend, dessen Führer ein Glas Wein leert; rechts vorne an einem Brunnen und auf dem hügeligen baumbestandenen Hintergrunde Hirt und Heerde.

Ausserordentlich feines, seinem Lehrer A. van de Velde ebenbürtiges Werk von bester Erhaltung.

Unten links bezeichnet: D.V. Bergen.

Auf Leinwand; Höhe 38, Breite 43 cm.

BISCAINO (BARTOLOMEO) (Genuesische Schule),

1631—1657.

9. *Die Anbetung der heiligen drei Könige.*

Im Vordergrunde rechts neben einer Säulenarchitektur, durch welche man in die Landschaft blickt, sitzt Maria, den nackten Jesusknaben einem der drei vor ihr knieenden heiligen Könige hinreichend, welcher im Begriff ist, die Füsse des Knaben zu küssen. In Begleitung der ihre Geschenke darbringenden Könige sieht man einen Knaben, während Joseph zur Rechten der Gottesmutter steht, über welcher in einem durch das Gewölk brechenden Lichtstrahl Engelsköpfe sichtbar.

Das Gemälde ist gut erhalten.

Auf Leinwand; Höhe 37, Breite 47 cm.

Die Bestimmung der Autorschaft rührt von Giovanni Morelli her.

BLEEKER (DIRK),

geb. zu Haarlem 1621; thätig zu Amsterdam und im Haag; † nach 1672.

*10. *Der Raub der Europa.*

Am Strande einer Meeresbucht Zeus in Gestalt eines weissen Stieres, die geraubte reichgekleidete Europa auf seinem Rücken dem Meere zu tragend und von zwei anderen, ihre Kleider schürzenden Jung-

Albert van [illegible]

15

Pieter de Bloot

No. 12

frauen begleitet; dahinter rechts auf waldigem Abhange eine Rinderheerde; links über die Bucht hinweg Blick auf die weite Ebene.

Das sowohl Rembrandt'sche als Rubens'sche Einflüsse zeigende Werk ist bei der Seltenheit des Meisters und durch die Naivität seiner Auffassung des mythologischen Gegenstandes sowohl, wie durch das originelle Colorit, von nicht unbedeutendem kunstgeschichtlichen Interesse.

Rechts am Uferrand bezeichnet:

Jonge · Bleker · f. 1643.

Auf Holz; Höhe 75, Breite 80 cm.

BLIECK (DANIEL DE),

zu Middelburg thätig um 1647; † ebendaselbst 1673.

11. *Architekturstück.*

Links reiche Schlossarchitektur mit breiter Freitreppe und einem Säulenporticus, vor dem sich eine Gartenanlage befindet, welche von einer mit Statuen geschmückten Terrasse umfasst wird. Feine Figurenstaffage in reichen Costümen: Mutter und Kind, lustwandelndes Paar etc.

Ausserordentlich liebevoll durchgeführtes Bildchen mit vorzüglicher Figurenstaffage. Sehr gut erhalten.

Unten in der Mitte an einem Säulenschaft bezeichnet: D D BLIECK

Auf Holz; Höhe 26, Breite 38 cm.

Collection van Loon (Gent).

* BLOOT (PIETER DE),

lebte zu Rotterdam; † ebendaselbst 1652.

12. *Das Schweineschlachten.* (Siehe Abbildung.)

In einer vom hellen Tageslicht erleuchteten grossen Dorfscheune hängt vorne links auf einer Leiter der geöffnete Körper des geschlachteten Schweines, daneben Fass und verschiedene andere Gefässe, auf dem Boden Katze und Hühner und auf einem Holzblock der Schweinskopf. Auf der rechten Seite des Bildes, zu welcher zwei Stufen hinabführen, sitzen vorne drei rauchende Männer beim Bier;

daneben an einem Holzverschlag stehend drei Kinder, mit einer Schweinsblase spielend; auf dem Fussboden ein Steinkrug und einzelne Muschelschalen. Im Hintergrunde neben einem Kamin zwei Frauen an einem Tisch mit dem Reinigen der Kaldaunen beschäftigt.

Der Meister, dessen Werke in letzter Zeit oft sehr hoch bezahlt wurden, ist in diesem fein ausgeführten und superbe erhaltenen Gemälde als holländischer Sittenmaler vorzüglich vertreten. Das Bild zählt zu seinen Hauptwerken und ist besonders in coloristischer Beziehung wohl auf Haarlemer Einflüsse zurückzuführen.

Unten in der Ecke links bezeichnet: P. De Bloot· 1630

Auf Holz; Höhe 59, Breite 81 cm.

Erwähnt in: Woltmann-Woermann, Geschichte der Malerei III. Band 2 Seite 830.
Photographirt bei Franz Hanfstängl (München).

BOL (FERDINAND),

geb. zu Dortrecht 1616; † zu Amsterdam 1680.

13. *Bildniss eines jungen Mannes.* (Siehe Abbildung.)

In einer Säulenhalle vor einer grünlichen Draperie steht, an eine steinerne Balustrade gelehnt, der in rothes Untergewand und violetten Mantel mit goldener Kette reichgekleidete Cavalier in halber Figur, das von dunkeln Locken umrahmte und mit einem feinen Schnurrbart gezierte jugendliche Haupt sowie seinen Körper dreiviertel nach rechts gewandt; in der Rechten trägt er ein rothsammetnes, mit weisser Feder geschmücktes Barett, während er seine Linke mit einladender Geberde erhoben hält.

Das Gemälde ist von vornehmster Auffassung, von grosser coloristischer Weichheit, besonders in der Wiedergabe des Stofflichen. Es ist vorzüglich erhalten.
Rechts in der unteren Hälfte des Bildes auf dunkelm Grunde bezeichnet:

f. bol. fecit. 16 4

Auf Leinwand; Höhe 192, Breite 111 cm.

Photographirt bei Franz Hanfstängl (München).

Collection Habich

Ferdinand Bol
No. 13

Richard Brakenburgh
No. 46

[illegible]
No. 142

BORGOGNONE (AMBROGIO DA FOSCANO) (Mailänder Schule),

1440/50—1523.

14. *Madonna mit Heiligen.*

Vor einer rechts und links offenen, mit orangefarbenem Stoff behangenen Wand thront Maria in reicher Gewandung, mit der Linken das auf ihrem Schoosse sitzende, mit weissem Hemdchen bekleidete Jesuskind und in der Rechten ein Buch haltend. Links von der Gottesmutter stehen Johannes der Täufer, Paulus und einer der heiligen Bischöfe; rechts Hieronymus, Petrus und Laurentius. Vor ihnen in knieender Stellung der den Segen des heiligen Kindes empfangende Donator des Bildes im Cardinalsgewande. Im Hintergrunde durch die beiden fensterartigen Oeffnungen sichtbar eine Landschaft mit zwei Scenen aus dem Leben Johannis des Täufers und dem des heiligen Hieronymus.

Auf Holz: Höhe 93, Breite 70 cm.

Die Bestimmung der Autorschaft rührt von Gustav Frizzoni her.

BOS (CASPAR VAN DEN),

geb. zu Hoorn (Nord-Holland) 1634; † 1666.

15. *Marine.*

Ruhige See mit zahlreichen grösseren und kleineren Schiffen, Segelbooten etc.

Ausserordentlich fein ausgeführtes Grisaillebildchen dieses sehr seltenen Künstlers.

Oben links bezeichnet: Oben rechts die Jahreszahl:

C. van den Bosch 1655

Auf Holz; Höhe 31, Breite 45 cm.

BRAKENBURGH (RICHARD),

geb. zu Haarlem 1650, † ebendaselbst 1702.

16. *Heitere Gesellschaft.* (Siehe Abbildung.)

Um den mit reichgemusterter Decke behangenen, im Vordergrunde eines mit Gästen angefüllten Wirthshausgemaches befindlichen Tisch gruppirt eine Gesellschaft von kartenspielenden Damen, zuschauenden Herren und einem Mönch mit seiner Nachbarin im Gespräch; dahinter ein Violinspieler und eine in der Thür stehende Magd, links neben einem Fasse zwei scherzende Alte. An der Decke, über dem Tische hängend, ein grünumrankter Korb; vor dem Tische kleines mit seinem Hündchen spielendes Mädchen; auf dem Fussboden links und rechts umgestürzter Krug, Spielkarten, Teller und zwei Schemel mit einem darüber hangenden Tuche und einem daraufstehenden Krug. Im Hintergrunde des Gemaches an einem geöffneten Fenster, durch welches helles Sonnenlicht fällt, ein Kind, eine Magd und zwei um einen Tisch sitzende Paare.

Ansprechendes Werk von bester Qualität.

Links auf einer Tischkante die falsche Bezeichnung. J. Steen, darunter sind die Reste der alten Signatur Brakenburghs sichtbar.

Auf Leinwand; Höhe 43, Breite 57 cm.

Photographirt bei Franz Hanfstängl (München).

17. *Der unerwünschte Segen.* (Siehe Abbildung.)

Im Vordergrunde eines holländischen Gemaches, neben verschiedenen Gefässen, einem umgefallenen Stuhl und einem Schemel, auf dem Weinglas und Flasche, hockt links ein Junge am Boden, einen Löffel in die Höhe haltend; hinter diesem vor einer gedeckten Tafel, auf welcher eine Schüssel mit Backwerk steht, schenkt eine Frau Wein ein, während sich andere um den Tisch herumsitzende, zum Taufschmaus versammelte Frauen im Gespräch befinden. Dahinter steht neben einer Thüre, durch welche man zwei Wiegen hereintragen sieht, der sich hinter dem Ohr kratzende Vater, im Begriff, das ihm von einer Alten gereichte neugeborene Zwillingspaar auf seine Arme zu nehmen. Darüber unter anderen Wanddecorationen ein Gemälde, welches Joseph und Potiphars Weib darstellt; daneben im Hintergrunde rechts in einer halbgeöffneten Bettstatt die Wöchnerin.

Das ausserordentlich fein ausgeführte Bildchen steht auch in Bezug auf Colorit sowie die derbkomische Darstellung ganz auf der Höhe Jan Steens und ist neben der »Eingebildeten Kranken« von 1696 (im Rotterdamer Museum) wohl sein Hauptwerk. Es ist von tadelloser Erhaltung.

Unten links bezeichnet: *R·Brakenburgh*

Auf Holz; Höhe 26, Breite 34 cm.

Photographirt bei Franz Hanfstängl (München).

BROUWER (ADRIAEN),

geb. in Flandern um 1606; † zu Antwerpen 1638.

18. *Der Zahnoperateur.* (Siehe Abbildung.)

In der Mitte eines mit Flaschen, Töpfen und einigen Schemeln spärlich ausgestatteten, durch ein niederes Fenster von links erleuchteten Gemaches sitzt vorne der Patient in rother Jacke und mit weitgeöffnetem Munde, in welchem der neben ihm stehende, mit gelber

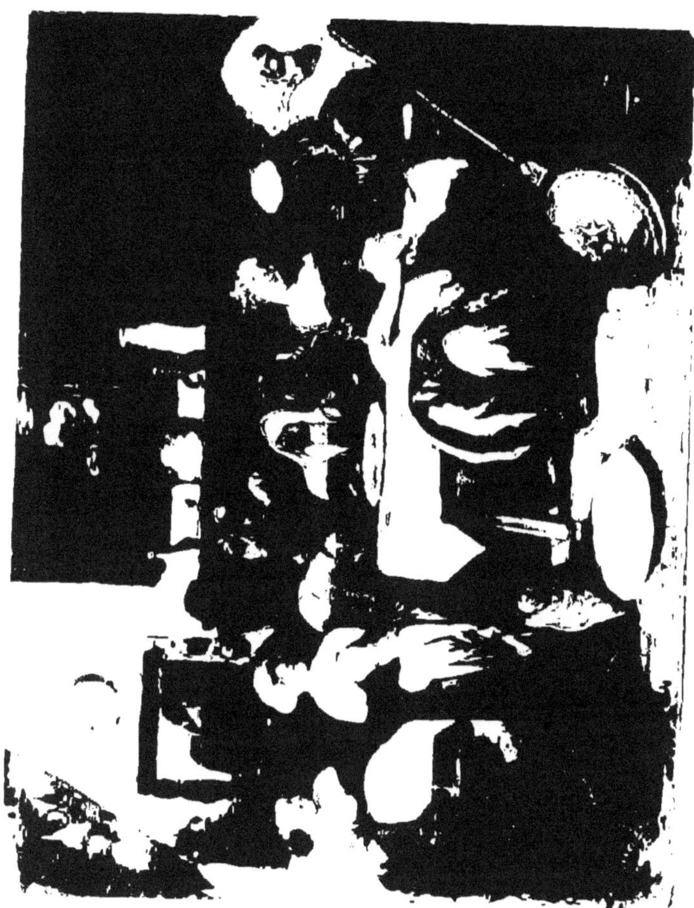

Collection Habich

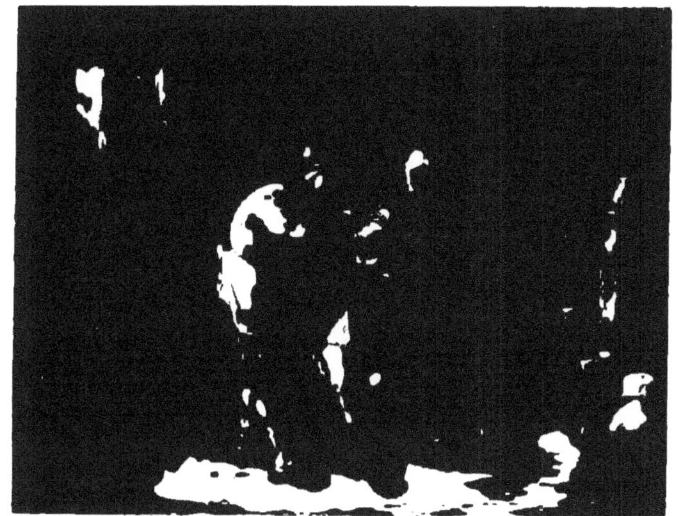

Adriaen Brouwer
No. 18

Anton Palamedesz Stevaerts
No. 147

Jacke bekleidete Zahnoperateur seine Untersuchungen anstellt, während er mit der Linken den Kopf des vor Schmerz die Fäuste Ballenden zurückhält, hinter dessen Schemel eine zuschauende Alte und ein Knabe stehen. Im Hintergrunde rechts in der halbgeöffneten Thüre der Kopf eines Neugierigen.

Das Bildchen ist von ausserordentlicher Feinheit und weist auch in coloristischer Beziehung die reizvollen Eigenthümlichkeiten Brouwers auf, dessen Autorschaft für dieses kleine Cabinetstück, von den Einen anerkannt, von den Anderen bezweifelt ist.

Auf Holz; Höhe 24, Breite 32 cm.

BROUWER (Holländische Schule).

XVII. Jahrhundert.

*19. *Der ungetreue Knecht.*

In der Mitte eines von links beleuchteten Gemaches steht gesenkten Blickes, die Hände jammernd erhoben, der ungetreue Knecht vor seinem, ihn vorwurfsvoll anblickenden, weissbärtigen Herrn, welcher an dem mit rother Decke behangenen Tische sitzt; auf demselben und neben ihm am Boden Bücher aller Art; im Hintergrunde rechts an einer Nische erblickt man im Halbdunkel ein Waarenlager.

Echt bezeichnetes, sowohl qualitativ als kunstgeschichtlich interessantes Werk eines sonst nirgends vorkommenden mit Adriaen Brouwer nicht zu verwechselnden Künstlers, welcher der frühen Zeit Rembrandts augenscheinlich nahe steht.
Unten links gegen die Mitte bezeichnet:

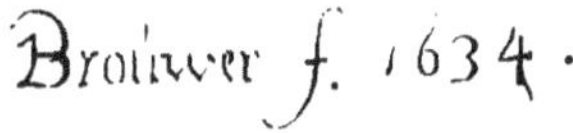

Auf Holz; Höhe 63, Breite 53 cm.

BRUEGHEL (ABRAHAM), (?)

1672 (?) — 1720 Italien.

20. *Blumenstück.*

Um das Oval eines braun in braun gemalten Puttenreliefs ist ein kranzförmiges Arrangement von fünf Blumensträussen angebracht, welche aus Rosen, Tulpen, Nelken und Flieder bestehen.

Auf Leinwand; Höhe 137, Breite 108 cm.

21. *Blumenstück.*

Um das Oval eines braun in braun gemalten Puttenreliefs ein reicher, aus den verschiedenartigsten Blumen gewundener Kranz.

Die beiden Gemälde sind wohl kaum mit Bestimmtheit dem Abraham Brueghel zuzuschreiben.

Auf Leinwand; Höhe 129, Breite 108 cm.

BRUEGHEL d. Ä. (JAN), gen. Sammet-Brueghel,

geb. zu Brüssel 1568; † zu Antwerpen 1625

und

UDEN (LUCAS VAN),

geb. zu Antwerpen 1595; thätig bis um 1670.

22. *Todtes Wild in einer Landschaft.* (Siehe Abbildung.)

Rechts Eingang in eine Waldpartie, auf deren Abhang im Vordergrunde allerlei todtes Wild (Wolf, Rehe, Hasen, Füchse, Fasan und andere Vögel) malerisch ausgebreitet liegt. Auf der Höhe des Mittelgrundes zwischen Baumgruppen eine Kirche; links Blick in das von fernen Hugeln begrenzte Thal.

Hervorragendes, seltenes Werk, ebenso charakteristisch für die feine Malweise des Uden wie für die selten so breite und flotte Manier Jan Brueghels. Das meisterhaft ausgeführte Gemälde ist tadellos erhalten.

Auf Holz; Höhe 50, Breite 74 cm.

BRUEGHEL d. Ä. (JAN), gen. Sammet-Brueghel,

geb. zu Brüssel 1568; † zu Antwerpen 1625.

23. *Aeneas geht in die Unterwelt.*

In einer von feuerspeienden Bergen, brennenden Burgen und Palästen umgebenen und von einem Flusse durchzogenen Landschaft unter einem abgestorbenen hohen Baume im Vordergrund das rothbehangene, mit weiblichen Gestalten angefüllte Zelt, vor dem Aeneas mit dem Schwert in der Hand und gefolgt von einer Sibylle im Begriff steht, der Unterwelt zuzuschreiten, deren von Feuergarben rothbeleuchtete Eingänge von einer Unmasse Menschen, Teufeln und allem möglichen Gethier umringt sind. Darüber der rotherglühte Himmel.

Ueberaus figurenreiche, phantastische Darstellung, welche Brueghel wiederholt (siehe Pester Museum, Galerie-Katalog 1888 No. 551 und 553) behandelt hat. Das Bildchen ist trefflich erhalten.

Auf Kupfer; Höhe 27, Breite 36 cm.

BRUEGHEL d. Ä. (PETER) Schule.

letztes Viertel des XVI. Jahrhunderts.

24. *Mann und Frau im Gespräch.*

Vor einer Mauer rechts auf einer Bank sitzend die Frau mit einer Haspel in der Linken und im Gespräch mit dem ihr gegenüber zu Füssen eines Baumstammes sitzenden jungen Manne, welcher einen Hahn in seinen Armen hält; auf dem Boden eine Futter suchende Henne; im Hintergrunde eine Gartenanlage.

Auf Holz (rund); Durchmesser 13½ cm.

Collection Habich

CAMBIASO (LUCA),

geb. zu Genua 1527; † zu Madrid um 1585.

25. *Charitas.*

Hüftbild einer jungen Mutter in grünem Gewande, einen flachrunden gelben Hut auf dem Haupte, in ihren Armen das nackte, sich an sie schmiegende Kind haltend.

Das Bild ist von etwas mangelhafter Erhaltung.

Auf Leinwand: Höhe 58, Breite 46 cm.

Die Bestimmung der Autorschaft rührt von Gustav Frizzoni her.

CANALE (ANTONIO), gen. Canaletto,

geb. zu Venedig 1697; † ebendaselbst 1768.

26. *Römische Stadtansicht.*

Im Vordergrunde en face des Beschauers führt die breite, mit reichgekleideten Figuren belebte Treppe zu dem mit der Reiterstatue des Marc-Aurel geschmückten Platze, welcher im Hintergrunde vom Capitol und rechts und links von den Palästen der Conservatoren und Senatoren begrenzt wird. Die Rückseite trägt die Inschrift: »The capitol. Behind this picture on the original canvass is the following inscription by Canaletto: Fatto nel anno 1755 in London con ogni maggior attenzione ed instanza del Signore Cavaliere Brand padroni mio stimanties Antonio Canal detto il Canaletto. I was recess to new line the picture in 1850 so that the inscription is now hid. John Disney 1850.«

Fein gestimmtes und vortrefflich erhaltenes Gemälde.

Auf Leinwand, Höhe 52, Breite 61 cm.

CANALE (ANTONIO), Schule,

XVIII. Jahrhundert.

27. *Canal grande (Venetianische Vedute).*

In der Mitte der von vielen Gondeln belebte Canal grande mit dem Ausblick auf den Lido, den Dogenpalast mit dem Campanile und zahlreichen anderen Thürmen und Palästen.

Spätes Werk und wahrscheinlicher aus der Schule des Belotto.

Auf Leinwand; Höhe 73, Breite 125 cm.

CAROTO (GIOV. FRANC.) (Schule von Verona),

geb. 1470; † 1546.

28. *Madonna.* (Siehe Abbildung.)

Vor einer dunkeln, theils von einem herabhangenden grünen Vorhang verdeckten Wand sitzt in rothem Gewande mit weissem, um Kopf und Schulter geschlungenen Tuche Maria. Sie hält den auf weissem Kissen sitzenden nackten, den Hals der Mutter umschlingenden Jesusknaben auf ihrem Schoosse, über welchen ein blauer Mantel gebreitet, und reicht dem Kinde eine weisse Nelke dar.

Anmuthiges und ziemlich gut erhaltenes Werk aus der Spätzeit des Meisters, welcher in Deutschland ausserdem noch im Staedel'schen Institut in Frankfurt a. M. und bei Baron Sternburg in Lützschena vertreten ist.

Auf Leinwand; Höhe 59, Breite 51 cm.

Erwähnt in: Ivan Lermolieff (Morelli), kunstkritische Studien über italienische Malerei II. Theil, Seite 235.

Die Bestimmung der Autorschaft rührt von Giovanni Morelli her.

Photographirt bei Franz Hanfstängl (München).

CARRACCI (AGOSTINO) (Schule von Bologna),

geb. zu Bologna 1557; † zu Parma 1602.

*29. *Die Verzückung des heiligen Franciscus.*

Im Vordergrunde einer Landschaft, deren Ferne durch die Rundbogen einer Säulenarchitektur sichtbar wird, kniet der vom Engel begleitete heilige Franciscus zu Füssen der auf einer Erhöhung sitzenden Madonna mit dem Jesuskinde, welches den Heiligen segnet; im Hintergrunde rechts Joseph auf den Esel gelehnt.

Ausserordentlich fein ausgeführtes, unter dem Einflusse des Correggio entstandenes Staffeleibild von guter Erhaltung.

Auf Holz; Höhe 46, Breite 35 cm.

Photographirt bei Franz Hanfstängl (München).

CORTONA (PIETRO BERRETTINI DA) (Toskanische Schule),

1596—1669.

30. *Diana und Actäon.*

Im Vorgrunde, am Rande einer von hohen Baumgruppen umgebenen Bucht die dem Wasser eben entstiegene Diana, umgeben von fünf die Reize ihrer Nacktheit ängstlich verdeckenden, theilweise fliehenden Nymphen, denen sich, von links her durch das Buschwerk brechend, der mit einer Lanze bewaffnete, von Hunden begleitete Actäon nähert. Rechts Blick in die bergige Ferne.

Helles, farbenreiches Gemälde, vorzüglich im Incarnat und von sehr guter Erhaltung.

Auf Leinwand; Höhe 95, Breite 75 cm.

CRAESBEECK (JOOS VAN),

geb. zu Neerlinter 1606, thätig zu Antwerpen und Brüssel; † daselbst 1654

*31. *Zechende Gesellschaft vor einem Wirthshause.*

In dem eingezäunten Vorgarten eines Wirthshauses, welches einen Blumentopf im Schilde führt, sitzt an langer Tafel eine Gesellschaft von Herren und Damen beim Bier. Links steht die bedienende Wirthin und ein bettelnder Knabe, daneben eine weitbauchige Flasche. Im Vordergrunde ein Fass, von dem ein weisses, durch eine daraufstehende blaudecorirte Schüssel gehaltenes Tuch herabhängt; weiter rechts Hund mit Knochen. Dahinter der hölzerne Zaun, über welchem eine Anhöhe mit Bauernhütten und heraufziehende Gewitterwolken sichtbar.

Wohl mit das Hauptwerk dieses seltenen Brouwer-Schülers, der neben seiner Kunst das Bäckerhandwerk trieb.

Unten in der Mitte auf dem unteren Rande eines Fasses bezeichnet: J. v Craesbecke f

Auf Leinwand; Höhe 68, Breite 78 cm.

Erwähnt in: Woltmann-Woermann, Geschichte der Malerei III. Band 1 Seite 515. Photographirt bei Franz Hanfstängl (München) unter dem Titel »Gesellschaft bei Gambrinus«.

CRESPI (GIUS. MARIA), gen. lo Spagnuolo (Schule von Bologna).

1665—1747.

32. *Die Anbetung der heiligen drei Könige.*

Es sind vier Figuren, davon drei die ihre Geschenke darbringenden, reich gekleideten heiligen drei Könige, einer derselben mit einem goldenen Pokal in der Linken. Im Hintergrunde auf der Wand ist hebräische Schrift sichtbar. Wahrscheinlich Fragment einer grösseren Darstellung.

Auf Leinwand; Höhe 46, Breite 59 cm.

Die Bestimmung der Autorschaft rührt von Gustav Frizzoni her.

CUYP (AELBERT),

geb. zu Dortrecht 1620; † ebendaselbst 1691.

33. *Männliches Bildniss.*

In der Mitte eines einfachen holländischen Gemaches, an dessen Rückwand eine Landkarte hängt und welches von oben rechts durch das, von einem halb zurückgeschlagenen Vorhang theilweise verdeckte

Fenster Tageslicht empfängt, steht in ganzer Figur, ⅓ der Lebensgrosse, von vorne gesehen, ein geradeaus blickender Herr im besten Lebensalter mit Knebelbart, in schwarzer Kleidung, gleichem Schlapphut auf dem Haupte und flachem weissen Halskragen. Seine von dem kurzen Mantel verdeckte Rechte ist in die Seite gestemmt, während er in der Linken die Handschuhe hält. Neben ihm am Fenster ein rothgepolsterter Stuhl und ein kleiner, mit bunter Decke behangener Tisch.

Echtes, von den berufensten Seiten anerkanntes Werk, breit in der Behandlung, gut im Colorit und ebenso erhalten; wahrscheinlich um 1650 entstanden.

Auf Holz; Höhe 74, Breite 59 cm.

Photographirt bei Franz Hanfstängl (München).

CUYP (AELBERT) ?

34. *Kühe und Reiter in einer Landschaft.*

Rechts der von einigen Segelbooten belebte Fluss, auf dessen Ufer im Vordergrunde ein Reiter und drei im Grase ruhende Kühe. Dahinter auf einem Hügel links eine Burgruine.

Gut erhalten.

Unten links bezeichnet: A·cuijp

Auf Leinwand; Höhe 61 ½, Breite 51 ½ cm.

CUYP (BENJAMIN GERRITZ).

geb. zu Dortrecht 1612; † im Haag 1652.

*35. *Die Befreiung Petri aus dem Kerker.*

In dem Innern eines Kerkers steht links an dessen Pforte, durch welche helle Sonnenstrahlen fallen, der Engel, den auf einer Strohdecke knieenden, seine Sandalen befestigenden und von den Ketten bereits befreiten Petrus zur Flucht mahnend. Hinter dem letzteren hocken an einem Holzblock, worauf ein Leuchter mit der verlöschenden Kerze sichtbar, zwei schlafende Wächter; über ihnen an der Wand Schild und Schwert.

Ein in Malweise und Lichtwirkung dem Rembrandt sehr verwandtes Meisterwerk und von einer bei Benjamin Cuyp selten so reichen Farbengebung.

Auf Holz; Höhe 76, Breite 64 cm.

Erwähnt in: Woltmann-Woermann, Geschichte der Malerei III. Band 2 Seite 848.

Photographirt bei Franz Hanfstängl (München).

Collection Habich

Abraham van Diepenbeeck
N° 37

DECKER (CORNELIS),

geb. zu ?, Miglied der Gilde zu Haarlem 1643; † ebendaselbst 1678.

*36. *Dorflandschaft.*

Vorne rechts auf waldigem Abhang ein umzäuntes Bauerngehöft, vor dessen Thüre einige Leute im Gespräch; links die Furt, welche ein Reiter, Fussgänger und Hunde passiren; dahinter auf erhöhtem Terrain eine Bauernhütte und verschiedene den Horizont verdeckende Baumgruppen.

Das gut erhaltene Bild ist sehr silbertönig in der Farbe, fein in der Zeichnung und von ansprechender Composition. Die Staffage rechts wahrscheinlich von A. van Ostade, die links von A. van de Velde.

Unten rechts fast in der Mitte neben einem Baumstamm bezeichnet: C. D. 1669

Auf Leinwand; Höhe 65, Breite 78 cm.

Erwähnt in: Woltmann-Woermann, Geschichte der Malerei III. Band 2 Seite 639/40.
Photographirt bei Franz Hanfstängl (München).

DIEPENBECK (ABRAHAM VAN),

geb. zu Herzogenbusch 1596; † zu Antwerpen 1675.

37. *Die heilige Julia.* (Siehe Abbildung.)

Ueber einer, den unteren Theil des Bildes abschliessenden Steinbrüstung, deren Mitte ein päpstliches, von zwei Engeln gehaltenes Wappen als Verzierung trägt, erhebt sich ein Erdhügel, auf welchem zehn allegorische Frauengestalten und ein von Engeln umschwebtes Crucifix stehen, an das die in Corsica unter Theodosius zum Kreuzestode verurtheilte heilige Julia geschlagen ist. Rechts und links vom Kreuze schweben Engel in den Lüften und am Kreuzesfusse zwei Truthähne und ein Pfau, das Symbol der Unsterblichkeit.

Diese interessante allegorische Darstellung ist von ausserordentlich feiner Zeichnung und von ungemein origineller Auffassung. Das Gemälde ist vorzüglich erhalten.

Unten rechts an einem Schiebkarren bezeichnet: Diepenbeeck F.

Auf Holz; Höhe 62, Breite 41 cm.

DIETRICH (Dietricy) (Chr. W. E.),

geb. zu Weimar 1712, † zu Dresden 1774.

38. *Vanitas.*

Auf einer steinernen, mit blauer, halb zurückgeschlagenen Decke behangenen Tischplatte allerlei Gefässe, Musikinstrumente, ein Rosenzweig, Schwert, Krone und Fürstenhut, Palette, eine mit Goldstücken angefüllte Schale, ein Licht und eine Statue; weiter zurück an dem theilweise bewachsenen Gemäuer des Hintergrundes ein hoher Spiegel; davor Globus, Buch, Sanduhr und auf alten Codicillen und Papieren ruhend ein lorbeerbekränzter Todtenkopf.

Das sehr fein durchgeführte Bild ist von reicher malerischer Anordnung und steht sowohl in technischer wie coloristischer Beziehung dem Willem de Porter sehr nahe. Die Erhaltung ist tadellos.

Auf Holz; Höhe 37, Breite 28cm.

39. *Das Opfer Abrahams.*

Vor einer nach links ansteigenden Anhöhe neben dem brennenden Holzstoss der mit einem Lendentuche bekleidete Isaac, dankend den Blick nach oben gerichtet. Rechts, das Haupt zur Erde geneigt, kniet der weissbärtige Abraham mit gefalteten Händen, zu seinen Füssen das blutige Messer.

Das guterhaltene, ganz rembrandtesk gemalte Bild gehört zu den anerkannt tüchtigsten Werken dieses späten Meisters.

Unten rechts bezeichnet: *C W E Dietricy Pinx 1745.*

Auf Leinwand; Höhe 56, Breite 53cm.

DUBOIS (GUILLAM),

trat 1640 in Haarlem in die Gilde; † daselbst 1680.

40. *Waldlandschaft.*

Auf einem rechts und links von hohen Bäumen beschatteten nach dem Hintergrunde führenden Waldwege zwei Männer im Gespräch; weiter zurück zwei Reiter.

Das hübsche Motiv ist ganz in der an Jacob van Ruisdael erinnernden Manier des Meisters behandelt und zeugt von poetischer Auffassung und liebevoller Ausführung.

Auf Holz; Höhe 59, Breite 50cm.

Erwähnt in: Woltmann-Woermann, Geschichte der Malerei III. Band 2 Seite 639.

Collection Habich

J. A. Duck
No. 41

Collection Habich

Gerbrandt van den Eeckhout
No. 42

DUCK (J. A.),

geb. um 1600; thätig zu Utrecht und Haarlem; † nach 1660.

41. *Musikalische Unterhaltung.* (Siehe Abbildung.)

In der Mitte eines durch das hohe Fenster von links her hell erleuchteten Gemaches sitzt um den mit grüner Decke behangenen Tisch, worauf Triktrakspiel und weingefülltes Glas, eine Gesellschaft von sechs musicirenden, singenden und scherzenden Damen und Herren. Im Vordergrunde links und rechts, theils auf Stühlen, theils auf dem Fussboden, ein rothes Wamms mit Degen, Tabakpfeife, weisses Tuch und eine umgestürzte Zinnkanne. Im Hintergrunde rechts eine Bettstatt, auf welcher eine Alte sitzt und lauscht.

Hellfarbiges, für die Haarlemer Schule des Duck charakteristisches Werk von ansprechendem Gegenstand und guter Erhaltung.

Unten in der Ecke links bezeichnet: 

Auf Kupfer. Höhe 48, Breite 38 cm.

Erwähnt in: W. Bode, Studien zur Geschichte der holländischen Malerei Seite 139, und in: Woltmann-Woermann, Geschichte der Malerei, III. Band 2 Seite 606/7.

Photographirt bei Franz Hanfstängl (München).

EECKHOUT (GERBRANDT VAN DEN),

geb. zu Amsterdam 1621; † ebendaselbst 1674.

42. *Jacobs Traum.* (Siehe Abbildung.)

Im Vordergrunde links, mit dem Rücken an einen Stein gelehnt, ist der mit braunem Gewande bekleidete Jacob, im Schoosse den rothbraunen Mantel und einen Stab, schlafend dargestellt, das bartlose blondlockige Haupt mit seiner Linken stützend; neben ihm Strohhut und Steinkrug. Ueber ihm auf der von Wolken gebildeten Himmelsleiter stehend drei geflügelte Engel in reichen Gewändern, um sie herum schwebend andere, Palmen tragende kleinere Engelsgestalten. Rechts führt ein Weg in das Dunkel eines Hains, in dessen Tiefe Hirten und Heerde an einem Feuer rasten, während über ihnen der Vollmond aus dem nächtlichen Himmel taucht.

Hervorragendes Werk dieses grossen Rembrandt-Schülers, schon in der Composition, leuchtend in der Farbe und von bester Erhaltung.

Unten rechts auf einer Steinplatte bezeichnet:

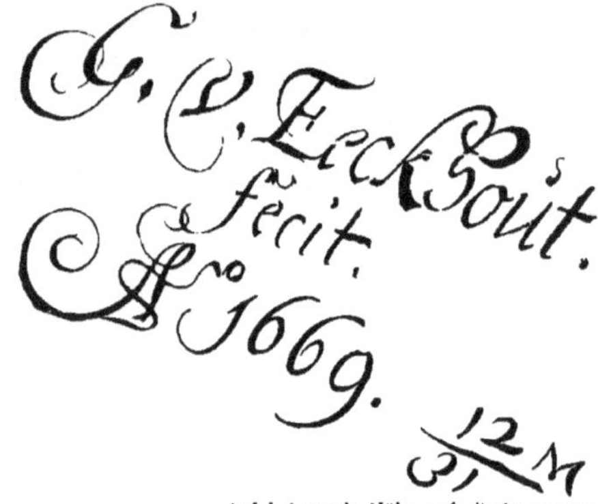

Auf Leinwand; Höhe 126, Breite 113 cm.

Erwähnt in: Woltmann-Woermann, Geschichte der Malerei III. Band 2 Seite 718.
Photographirt bei Franz Hanfstängl (München).

ELSHEIMER (ADAM).

geb. zu Frankfurt a. M. 1578; † zu Rom 1620.

43. *Biblische Landschaft.*

In der Mitte eine Wasserfläche, rechts Palastruine und Statue zwischen Baumgruppen und Buschwerk versteckt, im Vorgrunde links zu Füssen einer baumumwachsenen Säule die am Uferrande ruhende heilige Familie.

Das Bildchen zeigt so ganz die originelle Technik und Farbengebung des Elsheimer. Es hat durch Putzen leider etwas gelitten.

Auf Kupfer; Höhe 21, Breite 29 cm.

ELSHEIMER (ADAM), Copie,

XVII. Jahrhundert.

44. *Tobias und der Engel.*

Im Vordergrunde, einem von Wald und Höhenzügen umgebenen Wasser zu, schreitet, von dem Engel geführt und von einem Hündchen gefolgt, der junge Tobias, einen Fisch unter dem Arme tragend.

Trefflich ausgeführtes, fein gestimmtes Bildchen. Die Composition ist u. a. auch durch Agricola's Stich bekannt.

Auf Leinwand; Höhe 23, Breite 18 cm.

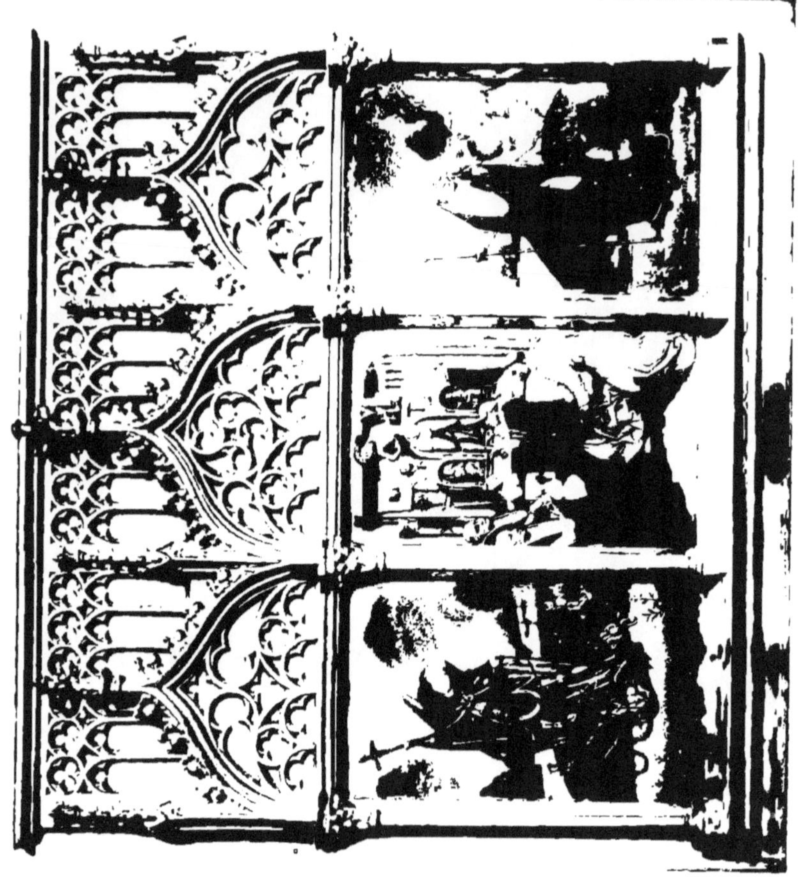

ELSHEIMER (ADAM) Nachahmer,

Deutsche Schule, XVII. Jahrhundert.

45. *Mythologische Landschaft.*

Links im Vordergrunde einer waldigen Landschaft die entkleidete Venus auf einem Erdhügel sitzend; vor ihr steht der geflugelte Amor, im Begriff, seiner Göttin Blumen zu streuen; rechts im Mittelgrunde tanzende Nymphen und Satyre, in den blauen Luften weissgefiederte Vögel.

Auf Holz; Hohe 10, Breite 16 cm.

EVERDINGEN (ALLAERT VAN),

geb. zu Alkmaar 1621; † zu Amsterdam 1675.

46. *Landschaft.* (Siehe Abbildung.)

Im Vordergrunde zwischen waldigen und felsigen Ufern der von einem Boote belebte Fluss, im Mittelgrunde eine Muhle und weiter zurück hinter Wiesen und Baumgruppen Kirche und Hauser einer Ortschaft und ein die Ferne begrenzender Hohenzug.

Das Bild ist von hübschem Motiv und ganz charakteristisch für das Colorit und die Technik des Meisters.

Unten rechts bezeichnet: A. V' EVERDINGEN

Auf Leinwand; Hohe 30, Breite 48 cm.

EYCK (JAN VAN), Schule,

Niederländische Schule des XV. Jahrhunderts.

47. *Die Messe des heiligen Gregorius (gothisches Triptychon).* (Siehe Abbildung.)

In dem Mittelbildchen auf den Stufen des Altars knieend der nach links gewandte heilige Gregorius, von drei Priestern umgeben; auf dem Altar stehend, in ganzer Figur, um die Hüfte ein Lendentuch, der dornengekrönte, dem Heiligen bei der Messe erscheinende Christus. Das Flügelbildchen rechts stellt den heiligen Hieronymus, den Kreuzesstab in der Rechten, mit seinem Löwen in einer Landschaft stehend dar, in deren Hintergrund eine Stadt sichtbar wird. Das Flügelbildchen links zeigt, ebenfalls in einer Landschaft stehend, den heiligen Michael beflügelt und gerüstet, in der Rechten den Kreuzesstab, in der Linken die Wage, siegreich auf den Satan tretend.

Ueberaus fein durchgeführte, superb erhaltene Arbeit, ein kleines Meisterwerk der Eyck'schen Schule.

Auf Holz; jedes: Hohe 15½, Breite 9¼ cm.

FABRITIUS (BERNARD).

thätig um 1650—1672 (Leiden).

*48. *Die Beschneidung Johannis des Täufers.*

In der Mitte eines nur schwach erhellten, mit röthlichem Fussboden bedeckten Gemaches liegt Johannes als Kind auf einer Bettstatt, auf deren unterem Ende die Mutter in rothem Gewande mit weissem Kopftuch und einen Apfel in der Hand haltend sitzt. Hinter der Bettstatt eine knieende Frau und neben ihr stehend ein Kind; dahinter links an einem Kamine sitzend ein Greis. Im Hintergrunde rechts stehen Maria und Joseph vor einer Nische, in welcher der Jesusknabe zu schlummern scheint. Vor ihnen im Vordergrunde rechts in sitzender Stellung, Zacharias, ein Täfelchen in der Hand und im Begriff, jene, seine Zunge lösenden Worte niederzuschreiben: Johannes sei sein Name.

Ein Meisterwerk der Coloristik.

Auf Leinwand; Höhe 37, Breite 48 cm.

Erwähnt in: Woltmann-Woermann, Geschichte der Malerei, III. Band 2 Seite 720.
Radirt von W. Unger.
Photographirt bei Franz Hanfstängl (München).

*49. *Die Anbetung der Hirten.*

In der Mitte des nach rechts offenen, den Ausblick ins Freie gestattenden Stalles kniet neben der mit Stroh und Linnen bedeckten Lagerstätte Maria, den herbeigeeilten anbetenden Hirten, denen andere nachdrängen, das neugeborene Kindlein zeigend; zu ihrer Seite steht Joseph.

Das gut erhaltene Bild ist von grossem Farbenreiz und offenbart die italienischen Einflüsse in des Meisters spätester Zeit.

Auf Leinwand; Höhe 66, Breite 61 cm.

Photographirt bei Franz Hanfstängl (München).

*50. *Mercur und Argus.*

Auf dem Abhange einer hügeligen Landschaft am Rande eines Baches ruht, die in eine Kuh verwandelte, mit einer Heerde um ihn weidende Io bewachend, der weissbärtige Argus in rothem Hirtengewande, einen Stab in der Hand, während neben ihm sitzend der von Zeus mit seiner Tödtung beauftragte, mit blauem Mantel nur halb bekleidete Mercur ihn durch Flötenspiel einzuschläfern sucht.

Coloristisch ausserordentlich interessantes Werk.

Unten rechts bezeichnet:

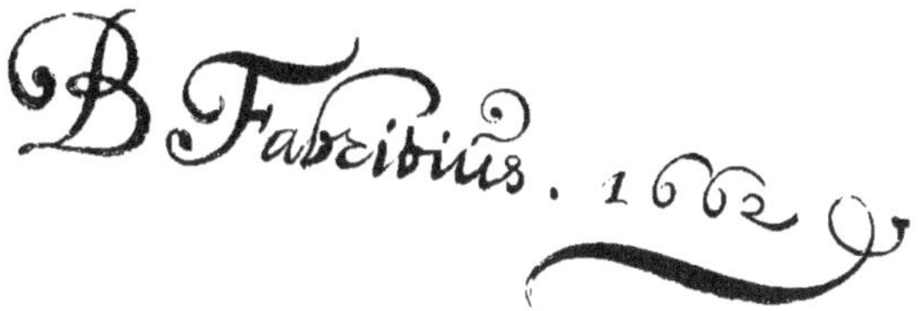

Auf Leinwand; Höhe 79, Breite 111 cm.

Erwähnt in: Woltmann-Woermann, Geschichte der Malerei, III. Band 2 Seite 720.

51. *Der Besuch Gottes und der Engel bei Abraham.*

Im Vordergrunde einer weit ausgedehnten bergigen Landschaft sitzen rechts bei einem hohen, das Haus Abrahams beschattenden Baume, unter welchem der letztere in prachtvollem golddurchwirkten Gewande mit gefalteten Händen steht, der segnende Gott und zwei Engel an einem weissgedeckten, mit Speisen und allerlei Gefässen reichbesetzten Tische; links in der Thür des Hauses die lauschende Sarah.

Das Bild ist von schöner Composition und von warmem Colorit.

Unten rechts auf einer Steinplatte bezeichnet:

Auf Leinwand; Höhe 101, Breite 128 cm.

Erwähnt in: Woltmann-Woermann, Geschichte der Malerei, III. Band 2 Seite 720.

FAES (PETER VAN DER), gen. Sir Peter Lely,

geb. zu Soest (Westfalen) 1617 oder 1618, † zu London 1680.

52. *Brustbild einer jungen englischen Dame.*

Dieselbe ist fast en face dargestellt, den Blick dem Beschauer zugewandt, das blondlockige Haar und die Büste mit Perlenschnuren geschmückt; über dem weissen Untergewande trägt sie ein ausgeschnittenes braunes Kleid mit Golddecor und einen blauen Mantel. (Das Oval des Bildes ist von einer barockartigen, in braun gemalten Einfassung umgeben.)

Sehr elegantes, ansprechendes Bild.

Auf Leinwand, Höhe 74, Breite 62cm.

FERRARESISCHE SCHULE.

zweite Hälfte des XVI. Jahrhunderts.

53. *Bekehrungsscenen aus dem Leben Christi.*

Im Mittelgrunde einer hügeligen Landschaft steht an der Fensteröffnung einer kleinen antik umrahmten Gebäulichkeit Matthäus, welchen der in seiner Nähe stehende Christus von der Zollbank ruft. Auf der rechten Seite des Bildes in einer offenen Halle Maria Magdalena zu den Füssen Jesus; links Saulus zu Pferde auf dem Wege nach Damascus, bekehrt von der hoch oben in den Wolken dargestellten Erscheinung Christi. Dahinter im Mittelgrunde schreitet Christus als Welterlöser, neben ihm die der Vorhölle entsteigenden Seelen. Im Hintergrunde rechts deutet eine Scene auf den Sündenfall im Paradiese hin und oben auf der Bergeshöhe Christus am Kreuze, selbst sterbend noch den reuigen Schächer bekehrend.

Auf Leinwand; Höhe 55, Breite 70cm.

FLINCK (GOVAERT).

geb. zu Cleve 1615; † zu Amsterdam 1660.

*54. *Schützenbild.*

Auf dem von Häusern und Baumanlagen umgebenen Platze einer holländischen Stadt stehen in einzelnen Gruppen, das Gesicht meist dem Beschauer zugewendet, die reich costümirten Mitglieder einer Schützengilde, den Fähnrich mit einer blauen, das Stadtwappen von Amsterdam zeigenden Fahne in ihrer Mitte. Rechts einige von ihnen theils stehend, theils sitzend, auf der zu einem Hause führenden Terrasse.

Breit und geistreich gemaltes Werk, das in technischer und coloristischer Beziehung der Haarlemer Schule so nahe steht, dass man die Autorschaft des Govaert Flinck nicht bedingungslos anerkennen kann. Das Bild ist von packendster Wirkung und vortrefflich erhalten.

Auf Leinwand; Höhe 73, Breite 130cm.

FRANCKEN II (FRANS).

geb. zu Antwerpen 1581; † ebendaselbst 1642.

55. *Die Huldigung der Flora.*

Links unter dem im Freien aufgestellten Thronhimmel sitzt Flora in reicher Gewandung, das mächtige Blumenfüllhorn in der Rechten, auf dem Haupte ein blumengeschmücktes Diadem, ihre Linke den ihr huldigenden weiblichen, in bunte Gewänder gekleideten jugendlichen Gestalten entgegenstreckend, welche zu Füssen des Thrones stehen oder knieen und reiche Blumenspenden in ihren Handen halten. Im Vordergrunde zwei Amoretten, mit dem Binden eines Nelkenstrausses beschäftigt; weiter links zwei hohe kostbare Vasen und in der Mitte, oben in den Lüften schwebend, zwei andere, Blumen streuende Amoretten.

Das Bild ist von ansprechender Composition, hell in der Farbe und gut erhalten.

Unten in der Mitte bezeichnet:

D ōv ffranck in et fe.

Auf Leinwand (oval); Höhe 91, Breite 69 cm.

FYT (JAN).

geb. zu Antwerpen 1611; † ebendaselbst 1661.

56. *Wachtelhund bei einem erlegten Rebhuhn und Jagdgeräth.*

Zwischen allerlei auf dem Boden um einen Baumstamm ausgebreitetem Jagdgeräth ein todtes Rebhuhn, von einem von hinten heranschleichenden, gelb und weiss gefleckten Wachtelhunde beschnüffelt.

In Colorit und Behandlung gleich charakteristisches Werk.

Unten rechts bezeichnet: JOHNUS. Fyt. f.

Auf Leinwand; Höhe 46, Breite 40 cm.

GAINSBOROUGH (THOMAS),

geb. zu Sudbury (Suffolk) 1727; † zu London 1788.

57. *Landschaft.*

Auf einem Abhange im Vorgrunde rechts hoher Baumstamm, neben welchem eine Frau und ein Mann rasten. An einem Bache Hirt mit seinem Hunde schlafend; links eine Weide; über dem waldigen Hintergrunde ein aufziehendes Gewitter.

Echtes, charakteristisches Werk dieses selbst in England selten, auf dem continentalen Kunstmarkt fast nie vorkommenden grossen englischen Malers.

Auf Leinwand: Höhe 77, Breite 63 cm.

58. *Herbstlandschaft.* (Siehe Abbildung.)

In der Mitte zwischen Waldpartieen der von einem Fussgänger belebte, bildeinwärts führende Weg, neben welchem im Vorgrunde an einem Wassertümpel zwei Birken und dahinter mehrere rothgedeckte Hütten sichtbar.

Flott und farbig in der Behandlung.

Auf Leinwand: Höhe 23, Breite 30 cm.

59. *Hütte am Walde.* (Siehe Abbildung.)

Unter hohen Baumgruppen liegt am Eingange des Waldes eine niedrige Hütte neben dem Wege, auf welchem ein hochbeladener Esel und ein Treiber im Vordergrunde sichtbar.

Feines Bildchen von geistreicher Behandlung und warmer Beleuchtung.

Auf Leinwand; Höhe 31, Breite 26 cm.

GARBO (RAFFAELINO DEL) (Florentiner Schule),

geb. 1466; † 1524.

60. *Madonna mit dem Jesuskinde und drei Engeln.*

Vor einer reich sculptirten Steinbank, durch deren obere Säulenarchitektur man in eine hübsche Landschaft blickt, steht Maria in blauem Kleide und rothem Mantel, das nackte Jesuskind auf ihrem Arme haltend, dem ein links stehender Engel einen Korb mit Obst und Blumen reicht, während rechts zwei singende, eine Banderole haltende Engel knieen.

Dieses anmuthige Bild trägt einige Uebermalungen, ohne dass dieselben den Gesammtcharakter stören.

Auf Holz (oval): Höhe 76, Breite 83 cm.

Thomas Gainsborough
No. [illegible]

GAROFALO (BENVENUTO TISI DA),

thätig zu Cremona, Rom und Ferrara,
geb. zu Ferrara 1481; † ebendaselbst 1559.

61. *Die heilige Cäcilia.* (Siehe Abbildung.)

Neben einem hohen Marmorsarkophag, auf welchen sie ihre Rechte, die kleine Orgel haltend, stützt, steht in einer offenen Säulenhalle, über deren Balustrade hinweg man die gebirgige, mit einer Gebäulichkeit bestandene Landschaft erblickt, die in buntes Gewand mit weissem Kopftuch gekleidete heilige Cäcilia.

Hervorragendes Bild von bester Erhaltung.

Auf Holz: Höhe 45, Breite 31 cm.

Die Bestimmung der Autorschaft rührt von Giovanni Morelli her.
Raccolta del Conte Giambatista Costabili di Ferrara.
Photographirt bei Franz Hanfstängl (München).

GEEL (JACOB VAN) (Holländische Schule),

aus der ersten Hälfte des XVII. Jahrhunderts.

62. *Landschaft mit Architektur.*

Im Vordergrunde rechts erhebt sich neben einer ausgedehnten, mit Strauchwerk bewachsenen und umgebenen Ruine eine reiche Schlossarchitektur mit hohem Thurme; das nach links leicht ansteigende Vorderterrain bietet eine ungemein reiche Fernsicht mit Buschpartieen und zierlicher Figurenstaffage.

Aeusserst delicat durchgeführtes Bildchen dieses sonst fast unbekannten Holländers.

Unten rechts an einer Baumwurzel bezeichnet: iacob v geel. 1633.

Auf Holz; Höhe 28, Breite 48 cm.

GELDER (AERT DE),

geb. zu Dortrecht 1645; † ebendaselbst 1727.

63. *Bildniss einer jungen Dame. (Kniestück nach links.)*

Dieselbe ist vor einer halbdunkeln, theilweise mit einer Stoffdecoration versehenen Wand sitzend dargestellt. Sie trägt ein blaues Kleid mit goldgelber Taille und weissen Unterärmeln und einen von den Schultern nach hinten herabfallenden, von einer Agraffe gehaltenen Mantel. Das blonde, federgeschmückte Hauptthaar ist ebenso wie Hals und Arme mit Perlenschnuren geschmückt. In der Rechten hält sie einen Fächer, während ihre Linke, sich auf einen rothbehangenen Tisch, auf welchem Schmuckgegenstände liegen, stützend, einen Blumenkranz umfasst.

Farbiges, flott behandeltes Werk dieses wohl letzten Rembrandt-Schülers.

Auf Holz; Höhe 65, Breite 47cm.

GILLIG (JACOB).

geb. zu Utrecht 1636; † ebendaselbst 1701.

64. *Stillleben von Fischen.*

Auf der Steinplatte vor einer die linke Seite des Vorgrundes einnehmenden Mauer liegt eine Anzahl grösserer und kleinerer Fische; daneben ein Eimer. Rechts schweift der Blick über Dünen und den von zwei Reitern belebten Strand hinweg auf die See, auf welcher einige Segelboote sichtbar. Darüber der graublaue Himmel.

Das vortrefflich gemalte und ebenso fein gestimmte Bild ist eines der besten Specimen dieses ausgezeichneten Fischmalers.

Auf Leinwand; Höhe 64, Breite 87cm.

GIOLFINO (NIC.).

Verona 1486—1518.

65. *Bacchus als Knabe.* (Siehe Abbildung.)

Im Vordergrunde einer Gebirgslandschaft, aus welcher zwischen Baumgruppen Gebäulichkeiten auftauchen, sitzt auf einem Felsblock in blauem goldgerandeten Gewande Bacchus als Knabe, das blonde Lockenhaar mit Weinranken umkränzt, in der erhobenen Linken den zum Opfer bereiten Weinkrug haltend.

Ein in Composition und Colorit gleich reizvolles Bildchen.

Auf Leinwand; Höhe 55, Breite 40cm.

Die Bestimmung der Autorschaft rührt von Giovanni Morelli und Gustav Frizzoni her.

Photographirt bei Franz Hanfstängl (München).

GLAUBER (JAN), gen. Polydor,

geb. zu Utrecht 1646; 1664—1674 in Italien, später in Hamburg; † zu Schonhoven (Holland) 1726.

66. *Landschaft.*

Auf dem links befindlichen, auf beiden Seiten mit hohen Bäumen bestandenen Hohlweg drei Fussgänger mit einem Esel, während ein vierter am Wege rastet.

Gut erhaltenes Bild.

Auf Leinwand; Höhe 71, Breite 86cm.

Nic. Giolfino
No. 65

[illegible] Velde No. 152 — Esaias van de Velde No. 151.

[illegible]

GOYEN (JAN VAN),

geb. zu Leiden 1596; † im Haag 1656.

67. *Canallandschaft.* (Siehe Abbildung.)

Auf den beiderseitigen Ufern des von Kahnen und Fischerbooten belebten Canals liegen, theils zwischen Baumgruppen versteckt, Kirchen und Häuser einer Ortschaft, vor denen sich einige Figuren bewegen; links ein breiter, über eine hohe Bogenbrücke führender Weg, auf welchem man im Vordergrunde Reiter und mehrere Männer erblickt.

Ausserordentlich fein durchgeführtes, unter dem Einflusse seines Lehrers Esaias van de Velde entstandenes frühes Werk von guter Perspective und grosser Leuchtkraft der Farben.

Unten in der Ecke links bezeichnet: I·V GOIEN 1622

Auf Holz; Höhe 29, Breite 42 cm.

Vergleiche: v. Lützow zu Vosmaer's Aufsatz a. a. O. S. 15 (Anm. 1).

GRAF (JOHANN oder HANS),

geb. zu Wien um 1690.

68. *Marktscene.*

Vor hohen Ruinen die Marktwiese mit mehreren Zelten, um die sich Käufer drängen; dazwischen Reiter, Fussgänger und rastendes Volk. Rechts Blick in eine Gebirgslandschaft.

Kleines, liebevoll durchgeführtes Bildchen.

Auf Kupfer; Höhe 28, Breite 39 cm.

GRAFF (ANTON),

geb. zu Winterthur (Schweiz) 1736; † zu Dresden 1813.

69. *Brustbild des schweizerischen Malers und Dichters Salomon Gessner.*

Derselbe ist im Dreiviertel-Profil, den Blick dem Beschauer zugewendet, bartlos dargestellt mit einer grauen, von dunkler Schleife gehaltenen Allongeperrücke, weisser Halskrause, in blauem Rock und ebensolcher Weste, in welcher seine Rechte ruht.

Das lebensvolle Bild ist von guter Erhaltung.

Auf Leinwand; Höhe 63, Breite 53 cm.

GREBBER (PIETER DE),

geb. zu Haarlem um 1600; † nach 1650.

70. *Das Gastmahl des Königs Belsazar.* (Siehe Abbildung.)

Vor einem zeltartigen, mit grünen Stoffen behangenen Aufbau sitzt links bei reichgedeckter Tafel der graubärtige König in prächtigem Gewande, mit Hermelinmantel, reicher Goldkette und Turban, vor der in der Höhe oben rechts erscheinenden Hand erschreckend. Ihn umfasst, zu seiner Linken stehend, ihn beruhigend, ein junges Weib; rechts, ebenfalls an der Tafel sitzend, zwei sich umschauende Würdenträger; ringsherum die erstaunte Dienerschaft, prächtige Goldgefässe hereintragend. (14 Figuren.)

Reiches, farbenprächtiges Galeriebild, das zu den besten Werken des Meisters zählt.

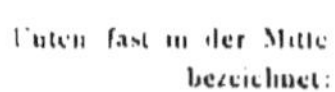
Unten fast in der Mitte bezeichnet:

Auf Holz; Höhe 150, Breite 220 cm.

Das Gemälde befand sich ehemals in Gottorp'schem Besitze und wurde 1809 von den Franzosen entfernt. Später fand Herr Freiherr von Grote das Bild als Verschalung in einem Stalle, kaufte dasselbe und wollte es zurückgeben, doch Herzog Peter ersuchte ihn, das Bild zu behalten. (Gütige Mittheilung Sr. Excellenz von Alten in Oldenburg.)

GUARDI (FRANCESCO),

geb. zu Venedig 1712; † ebendaselbst 1793.

71. *Partie vom Marcusplatze zu Venedig.* (Siehe Abbildung.)

Rechts ein Theil der Marcuskirche; links, ihr schräg gegenüber, der Uhrthurm; vor beiden der mit Fahnenmasten und Verkaufszelten bestandene, von Händlern, Käufern und Fussgängern reichbelebte Platz. Darüber blauer italienischer Himmel.

Ein kleines Meisterwerk, keck und geistreich in der Behandlung, picant im Colorit und von ausserordentlich malerischer Gesammtwirkung.

Auf Leinwand; Höhe 30, Breite 42 cm.

Collection Haber

Collection Habich

Francesco Guardi
No. 71

HAGEN (JORIS VAN DER),

nachweislich seit 1640 im Haag, † ebendaselbst 1669.

*72. *Flusslandschaft.*

Am Fusse einer rechts gelegenen langgestreckten, mit verschiedenen Gebaulichkeiten gekrönten Anhöhe der von Booten belebte Fluss. Links flaches, von einem Flussarm durchzogenes Wiesenland mit einigen Baumgruppen und weidenden Thieren. Im Hintergrunde die bergige Ferne.

Fein ausgeführte Stimmungs-Landschaft, welche von des seltenen Meisters treuer Beobachtung der Natur zeugt.

Auf Holz; Höhe 36, Breite 58 cm.

HALS (FRANS),

geb. zu Antwerpen um 1580; † zu Haarlem 1666.

73. *Kopf eines lachenden Mädchens.* (Siehe die Radirung v. W. Unger.)

Dasselbe ist nach links fast im Profil dargestellt; sie sieht derb-lachend, ihre Zähne zeigend, vor sich hin, das unordentlich herabhängende Haar wird rückwärts von einer violetten Haube mit hellem Kopfband zusammengehalten, sie trägt ein gelbliches Kleid mit schlaffem weissen Kragen. Dunkler Grund.

Ein in Technik und Farbe brillirendes und allseitig anerkanntes kleines Originalwerk des Meisters.

Auf Holz; Höhe 13, Breite 12 cm.

Erwähnt in: W. Bode, Studien zur Geschichte der holländischen Malerei Seite 87. (Verzeichniss aller positiv anerkannten Originalwerke des grossen Haarlemer Meisters.)

Radirt von W. Unger.

Photographirt bei Franz Hanfstängl (München).

HALS (JOHANNES oder JAN FRANSZ),

thätig um 1650 (heirathete 1648, in zweiter Ehe 1649).

74. *Halbfigur einer lachenden Alten.* (Siehe Abbildung.)

Dieselbe sitzt, den Kopf mit weissem Tuche verhüllt, mit beiden Händen einen grossen hölzernen Krug haltend, hinter einem Tische.

Interessantes, in braunem Tone geistreich gemaltes Bildchen, das zu den wenigen bisher bekannten und u. a. auch von A. Bredius anerkannten Werken dieses jüngeren Hals zählt. (Früher im Besitze des Malers Eduard Hildebrandt in Berlin.)

Auf Holz. Höhe 25, Breite 18 cm.

HEEMSKERK (EGBERT VAN),

geb. zu Haarlem um 1645; † zu London 1704.

75. *Die Versuchung des heiligen Antonius.*

In dem Innern einer grossen, von zwei Seiten höhlenartig geöffneten Felsgrotte kniet links an einer Steinplatte, worauf Crucifix, Todtenkopf und Sanduhr stehen, der heilige Antonius in inbrünstigem Gebet. Rings um ihn herum, stehend und hockend, alles mögliche heulende, quakende und zischende Gethier und eine auf einem Besen reitende Hexe. Vorn in der Mitte des Bildes eine mit weisser Decke behangene Tafel, von einer Schussel mit gerupftem Geflügel bestanden, während eine ebensolche der daneben stehende Koch in seiner Rechten hält, der einen langen Bratspiess auf der Schulter trägt; ihm folgen andere, theils maskirte Gestalten mit Fleischschüsseln, die eine mit einem Krug, die andere eine Karre mit Obst fahrend etc.

Dieses nicht uninteressante figurenreiche Bild wurde von A. Bredius als ein spätes Werk des Craesbeeck erklärt.

Auf Leinwand; Höhe 97, Breite 122 cm.

HOET (GERARD),

geb. zu Bommel 1648; † im Haag 1733.

76. *Pyramus und Thisbe.*

Im Vordergrunde einer antiken Landschaft, zu Füssen eines von hohen Baumen beschatteten, mit Reliefs verzierten Monuments, auf seinen Gewändern in halb liegender Stellung der todte, aus einer Brustwunde blutende jugendliche Pyramus, dessen schöner Körper nur mit einem Lendentuche bedeckt ist, in der Linken den blutigen Schleier Thisbe's haltend, die zu seinen Füssen steht, im Begriff, sich in das gegen Pyramus' Knie gestemmte Schwert zu stürzen.

Ausserordentlich fein ausgeführtes, vorzüglich erhaltenes Bildchen.

Auf Kupfer; Höhe 25, Breite 30 cm.

Photographirt bei Franz Hanfstängl (München).

HOGARTH (WILLIAM),

geb. zu London 1697; † zu Leicester 1764.

77. *Englisches Café-Haus.* (Siehe Abbildung.)

In dem Innern eines hohen geräumigen Cafe-Hauses sitzt und steht im Gespräch oder zeitunglesend und tabakrauchend eine grosse Anzahl Herren im Costüme des achtzehnten Jahrhunderts; dazwischen Zeitungsverkäufer und Verkäuferinnen. Im Hintergrunde

William Hogarth
No. 77

führen zwei Stufen in ein durch Glasfenster und die hohe Bogenöffnung sichtbares Nebengemach, in welchem um einen Tisch herum eine Herrengesellschaft sitzt.

Das vielfigürliche Bild zeigt Hogarth als den ausgezeichneten Schilderer englischer Sitten und ist eine Karität ersten Ranges.

Auf Holz; Höhe 26½, Breite 33½ cm.

HOLLÄNDISCHE SCHULE,

zweite Hälfte des XVII. Jahrhunderts.

78. *Brustbild eines jungen Edelmannes.*

Derselbe ist en face mit reichem blonden Haupthaar und feinem Schnurr- und Knebelbart dargestellt, mit einem reichen silbergeschnürten Gewande und einem darüber hängenden, mit weissem Pelz besetzten Mantel bekleidet.

Das fein ausgeführte Bildchen erinnert in etwas an die Art des Willem Mieris.

Auf Holz; Höhe 13, Breite 11 cm.

HOOGH oder HOOCH (PIETER DE),

geb. zu (?) 1630, thätig im Haag, zu Delft und Amsterdam; † zu Amsterdam nach 1677.

79. *Intérieur.* (Siehe die Heliogravüre.)

In einem architektonisch reichen holländischen Saale, durch dessen Fensteröffnungen man in die von der Abendsonne beleuchtete baumreiche Landschaft blickt, sitzt auf der rechten, durch eine spanische Wand verdunkelten Seite des Vordergrundes ein rauchender, orangefarben gekleideter Cavalier im Gespräche mit einer hinter dem Tische neben ihm stehenden Wein credenzenden Frau. In der Mitte auf den Mosaikfliesen des Fussbodens ein Hund. Am Kamine rechts ein Stuhl, auf dessen Lehne ein schwarzer Schlapphut hängt. Die ganze linke Seite, in deren Vordergrund eine Dienerin in rothem Gewande schreitet, ist hell erleuchtet. An einer der Fensteröffnungen um einen Tisch sitzend sind eine junge Dame in weissem Atlasgewande und ein älterer Herr ins Kartenspiel vertieft, während ein daneben stehender junger Mann mit Hut und Spitzenkragen ihnen eifrig zuschaut.

Das kostbare Bild ist bezüglich des rothen Grundtones, wie der Licht- und Farbenwirkung überhaupt, ein für die späte Zeit des Künstlers ausserordentlich charakteristisches und trefflich erhaltenes Meisterwerk, ebenso fein in der Zeichnung und Perspective als delicat und geistreich in der Ausführung.

Oben links bezeichnet: P·d·Hoogh·

Auf Leinwand; Höhe 88, Breite 81 cm.

Erwähnt in: Woltmann Woermann, Geschichte der Malerei III. Band 2 Seite 735.

Photographirt bei Franz Hanfstängl (München).

HOOGHE (ROMEYN DE).

geb. zu Amsterdam 1645 (oder 1646); † zu Haarlem 1708.

80. *Ansicht eines Hafens.*

Im Vordergrunde rechts der von grösseren und kleineren, theils mit Leuten besetzten Fahrzeugen belebte Hafen; links ein Weg mit einigen Fussgängern, daneben mehrere Häuser, in der Mitte auf dem freien Hafenplatz ein hoher, mit einem Kreuze gekrönter Obelisk. Den Hintergrund nimmt die offene See ein.

Sehr fein ausgeführtes und ebenso erhaltenes Bildchen des sonst nur noch im Reichsmuseum zu Amsterdam vertretenen Meisters.

Unten in der Mitte bezeichnet: A·DE·HOOCH·

Auf Leinwand; Höhe 34, Breite 43 cm.

Erwähnt in: Woltmann-Woermann, Geschichte der Malerei, III. Band 2 Seite 619 (Anmerkung 2).

Photographirt bei Franz Hanfstängl (München).

HOREMANS d. Ä. (JAN JOSEPH).

Antwerpen 1682—1759.

81. *Wirthshausscene.*

In der Mitte des von links durch ein vergittertes Fenster beleuchteten Gemaches an einem Fasse sitzend ein Herr und eine Frau mit einem Briefe in der Hand; daneben drei Bauern, von denen der eine, am Kaminfeuer sitzend, sich zu wärmen scheint.

Auf Leinwand; Höhe 26, Breite 45 cm.

HOUCKGEEST oder HOECKGEEST (GERRIT VAN).

thätig 1639–1655 ? (Delft—Haag).

82. *Innenansicht einer Kirche.* (Siehe Abbildung.)

Seitenschiff einer niederländischen Kirche gothischen Styls, mit Durchblick nach den anderen Schiffen, an deren weissgetünchten Pfeilern verschiedene Wappen und Gedächtnisstafeln hängen; im Hintergrunde rechts die hölzerne Kanzel, vorn links ein Cavalier

Collection Habeck

mit Frau und Kind, ein Hund und im Grunde der Kirche, durch deren weite Fenster warmes Sonnenlicht fällt, mehrere andere Figuren.

Sehr tüchtiges, recht gut staffirtes Werk dieses seltenen Meisters und bestens erhalten.

Unten links in der Ecke bezeichnet: 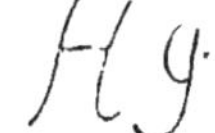

Auf Holz; Höhe 57, Breite 44 cm.

HUYSMANS (JAN BAPT.).

geb. zu Antwerpen 1654; † ebendaselbst 1716.

*83. *Ideallandschaft.*

Auf dem hügeligen Terrain des Vorgrundes rechts vorne der Wald über einem Abhange, zu dessen Füssen am Bachesrand ein Angler sitzt. Hinter ihm drei zusammenstehende arkadische blumentragende Frauengestalten, neben ihnen zwei Kinder und ein Hund; weiter links hinter mächtigem Baumstumpf ein Wasserfall. Im Hintergrunde die blaue Fläche des Meeres, an dessen Gestade rechts aus hohen Baumgruppen ein Schloss emportaucht und darüber ein weithin sichtbarer Gebirgszug.

Eins der Hauptbilder des Meisters und von tadelloser Erhaltung.

Das die echte Signatur Huysmans tragende Gegenstück dieses Gemäldes befindet sich im Besitze des Rentners L. Bruchmann in Köln.

Auf Leinwand; Höhe 150, Breite 270 cm.

KENNEDY (WILLIAM DENHOLM).

geb. zu Dumfries 1813; † ebendaselbst 1865.

84. *Nach dem Bade.*

Im Vorgrunde einer Landschaft, an einen Baumstamm gelehnt, sitzt mit aufgelösten dunkeln Haaren, den Kopf auf die linke Schulter gesenkt, eine jugendliche Schöne, nach dem Bade schlummernd. Der üppige Oberkörper ist entblösst, während der Unterkörper mit einem rosafarbenen Gewande bedeckt ist. Rechts am Abhange liegt der See, an dessen jenseitigem bewaldeten Ufer drei junge Mädchen baden.

Das Bild ist vorzüglich im Colorit, besonders in der Behandlung des Fleisches.

Auf Leinwand, Höhe 35, Breite 45 cm.

KESSEL (JAN VAN),

geb. zu Amsterdam 1641 oder 1642; † ebendaselbst 1680.

*85. *Landschaft.*

Hinter dem coupirten Terrain des Vorgrundes erblickt man einen Wiesenplan mit einer Bleiche und mehreren Leuten, dahinter einen Weg. Den Hintergrund nimmt eine waldige Landschaft ein, aus der einige Dächer und links am Horizont eine Kirche hervorragen; durch das den blauen Himmel theilweise bedeckende Gewölk bricht hie und da siegreich das Sonnenlicht hervor.

Das in Motiv und Malweise an Jacob Ruisdael erinnernde kleine Cabinetstück zeugt von intimem Naturstudium, ist überaus reizvoll in Farbe und Beleuchtung und gut erhalten.

Unten rechts etwas undeutlich die Spuren der Bezeichnung.

Auf Leinwand; Höhe 35, Breite 44 cm.

KRANACH d. Ä. (LUCAS),

geb. zu Kronach (Ober-Franken) 1472, thätig zu Wittenberg und Weimar, wo er gestorben 1553.

86. *Die Wirkung der Eifersucht.* (Siehe Abbildung.)

Im Vordergrunde einer felsigen, phantastischen, mit Burgen und Städten gekrönten Landschaft, zwischen dunkelm Baum- und Buschwerk im Grase liegend und stehend, drei junge, schlank gewachsene nackte Frauen mit ihren drei ebenfalls nackten Sprösslingen. Hinter ihnen vier nackte, mit Baumästen bewaffnete Männer im Kampfe der Eifersucht, von denen zwei, blutig am Boden liegend, bereits unterlegen scheinen.

Unstreitig eine der besten Originalarbeiten des Meisters. Das vortrefflich erhaltene Gemälde wurde von Prof. Hauser (München) meisterhaft auf eine neue Holzplatte übertragen.

Auf Holz; Höhe 51, Breite 35 cm.

Photographirt bei Franz Hanfstängl (München).

LAER (PIETER VAN), gen. Bamboccio,

geb. zu Haarlem um 1590, thätig in Rom 1623—1639; † zu Haarlem nach 1658.

87. *Scene vor einem italienischen Wirthshause.*

Rechts zwischen den Mauern einer thurmartigen Ruine das Wirthshaus, vor welchem allerlei rastendes, trinkendes und tanzendes Volk sich bei dem Spiele eines Dudelsackpfeifers belustigt. Daneben ein Pferd, ein Reiter auf einem Esel und einige Hunde. Links ein viehtreibender Hirt und im Hintergrunde die von Höhenzügen begrenzte Ferne.

Ob das durch den Gegenstand, durch die etwas derbe Technik und durch den braunen Gesammtton an Pieter van Laer erinnernde Gemälde wirklich von seiner Hand, erscheint fraglich.

Auf Leinwand; Höhe 48, Breite 64 cm.

Kranach d. Ae.

Collection Habich

Pieter Lastman

No. 88

LASTMAN (PIETER),

geb. zu Amsterdam 1583; † ebendaselbst 1633.

88. *Das Urtheil des Midas.* (Siehe Abbildung.)

Vor einer von breitästigen Bäumen überhangenen Felsgrotte steht rechts im Vorgrunde der in reiche Gewänder gekleidete Apollo, die Geige spielend. Zu seiner Rechten sitzt der seinem Spiele lauschende Midas in nackter Figur, das greise Haupt mit einem Eichenkranz geschmückt; rings herum stehend oder auf dem Boden hockend eine Anzahl zuhörender Pane, von denen einige den waldigen Felsabhang erklettern, und die theils nackten, theils reichgekleideten Musen sowie andere Zuhörer. In der Mitte auf dem Boden Notenheft und Musikinstrumente; dahinter auf felsigem Abhang zwischen Baumgruppen ein burgartiges Gebäude; links Blick in die bergige Landschaft.

Eins der Hauptwerke des Meisters, interessant, weil es, wie Woermann sagt, »im figürlichen Theil wirklich bereits an Rembrandt erinnert«. Das Bild ist von vorzüglicher Erhaltung.

Auf Leinwand: Höhe 87, Breite 127 cm.

Erwähnt in: W. Bode, Studien zur Geschichte der holländischen Malerei, Seite 341/42, und in: Woltmann-Woermann, Geschichte der Malerei III. Band 2 Seite 668.

Photographirt bei Franz Hanfstängl (München).

LE DUCQ (JEAN oder JAN),

geb. im Haag 1630; † ebendaselbst um 1671.

*89. *Hirt und Heerde.*

Mitten in einer Waldpartie, durch deren Lichtung ein thurmartiges Gebäude sichtbar wird, Kühe, Schafe und daneben, in liegender Stellung, der Hirt und sein Hund.

Sehr fein ausgeführtes Bildchen dieses äusserst selten vorkommenden Meisters.

Unten rechts bezeichnet: 

Auf Leinwand; Höhe 36, Breite 29 cm.

Erwähnt in: Woltmann-Woermann, Geschichte der Malerei III. Band 2 Seite 816.

LIBERALE DA VERONA (DI JACOMO DI VERONA),

geb. zu Verona 1451; † ebendaselbst 1536.

*90. *Tod der Dido.*

In der Mitte eines von Säulen und palastartigen, an die Architektur Veronas erinnernden Gebäulichkeiten umgebenen, sich weit in die

Tiefe erstreckenden Platzes, der zu beiden Seiten von einer Masse zum Theil reichcostümirter Zuschauer belebt wird, steht auf einem hohen, mit goldgesticktem Teppich bedeckten Scheiterhaufen Dido, die unglückliche Königin von Karthago, im Begriff, die entblösste Brust mit einem Dolche zu durchbohren, während unten bereits die Flammen auflodern und den reichen Waffenschmuck der Königin sowie andere kostbare Gefässe und Prachtgeräthe, welche sich auf dem Mittelplan des von Säulen getragenen Aufbaues befinden, zu verzehren drohen. Von den Arkaden, Fenstern und Balconen schauen die Damen herab. Rechts und links von den den Platz umgebenden Gebäuden schweift der Blick in eine felsige Landschaft, deren Reiter- und Figurenstaffage unzweifelhaft Dürer'schen Motiven entnommen sind.

Unter den Werken der italienischen Meister das Hauptbild der Sammlung; ein in architektonischer, in figürlicher und coloristischer Beziehung ausserordentlich bedeutendes Werk dieses Veroneser Meisters, von hochst idealer Auffassung des Gegenstandes und geradezu minutiöser Ausführung aller Details. Wie man sich in den Kirchen und in der Pinakothek Veronas überzeugen kann, ist Liberale da Verona in der Ausführung grösserer Gemälde nicht immer glücklich gewesen, ausser in seinen Tafeln in der Brera zu Mailand und im Königl. Museum zu Berlin. Aber auch die Thiere in der Landschaft rechts deuten mit aller Entschiedenheit darauf hin, dass nicht ein Ferrarese, wie einige irrthümlich annehmen, sondern Liberale da Verona der Schöpfer dieses Bildes ist.

Auf Holz; Höhe 43, Breite 121 cm.

Erwähnt in: Handbook of Painting by Sir Henry Layard: Liberale da Verona, Seite 265.

Beschrieben von Gustav Frizzoni: Liberale da Verona und sein »Tod der Dido« (nebst Abbildung in: von Lützow, Zeitschrift f. bild. Kunst XIX, 1884 Seite 137 ff.).

Die Bestimmung der Autorschaft rührt von Giovanni Morelli her.

LINGELBACH (JOHANNES),

geb. zu Frankfurt a. M. 1623, thätig in Holland, Frankreich und Italien; † zu Amsterdam 1674.

91. *Aufbruch zur Jagd.*

Im Vordergrunde eines mit verschiedenen Gebaulichkeiten umgebenen Schlosshofes eine Art Hafen, an dessen Ufern sich eine Gesellschaft von Cavalieren zu Pferde und zu Wagen mit ihren Leuten und Hunden zum Jagdaufbruch rüstet. Auf dem Wasser hinter springender Fontaine eine bemannte Gondel und ein Boot und hinter den Arkaden des Schlosshofes terrassenförmige Parkanlagen und ferne Höhenzüge.

Sehr hübsches, reich staffirtes Bild.

Unten links bezeichnet: *J. Lingelbach*

Auf Leinwand; Höhe 59, Breite 84 cm.

Collection Habich

Jules-Cesar-Denis Loo
No. 92

LOO (JULES-CÉSAR-DENIS),

geb. zu Paris 1743, thätig zu Rom, Turin und Genua; † zu Paris (?) nach 1817.

92. *Italienische Flusslandschaft.* (Siehe Abbildung.)

Rechts, aus der bergigen Ferne kommend, der von der Sonne beleuchtete Fluss, an dessen Ufer im Vordergrunde links Angler mit Frauen und Kindern unter hohen Baumgruppen rasten; dahinter bewaldetes, sanft ansteigendes Terrain, auf dessen Höhe ein castellartiges Gebäude sichtbar wird.

Eines der besten Werke des ziemlich seltenen Meisters, der dem Claude Lorrain nachstrebte.

Unten links auf einem Felsstück bezeichnet: *Cesar. Van Loo — 1788*

Auf Leinwand; Höhe 99, Breite 136 cm.

LUCAS (AUGUST),

geb. zu Darmstadt 1801; † ebendaselbst 1863.

93. *Landschaft aus dem Sabinergebirge.*

Weit ausgedehnte italienische Landschaft, in deren Vordergrund auf einem von verschiedenen Baumgruppen bestandenen Wiesenplan neben einem Wassertümpel Hirt mit Ziegenheerde und eine Frau, auf ihrem Esel reitend, mit ihrem Begleiter sichtbar sind. Im Hintergrunde links felsige Anhöhen; rechts durch die Baumgruppen hindurch schöner Fernblick auf See und Gebirge.

Tüchtiges Werk aus der romantischen Epoche dieses Jahrhunderts.

Unten rechts in der Ecke bezeichnet: *A: Lucas pix: Romae*

Auf Leinwand; Höhe 61, Breite 87 cm.

LUNDEN oder LUNDENS (GERRIT),

geb. zu Amsterdam 1622; † ebendaselbst 1677.

94. *Holländisches Sittenbild.*

In dem Innern einer Bauernhütte belustigen sich vier junge Mädchen mit dem bekannten Pantoffelspiel, zu welchem Zweck sich eine von ihnen über das in der Mitte stehende, mit blauem Tuche behangene Fass gebeugt hat. Um diese Gruppe stehen vier männliche Zuschauer, während sich im Hintergrunde links vier andere an einem Kamin zu wärmen scheinen.

Hübsche Composition, tüchtig im Colorit und von bester Erhaltung.

Auf Leinwand; Höhe 35, Breite 37 cm.

95. *Inneres einer holländischen Scheune.*

Im Vordergrunde rechts neben einem Ziehbrunnen drei Männer und zwei Frauen im Gespräch; auf einem Fasse eine todte Ente, Gemüse, Fleisch, allerhand Geräthschaften und eine Flinte. Im Hintergrunde links in der Nähe eines Kamines einige Bauern und ein Hund.

Am unteren Rande links neben einem Brett die undeutlichen Reste einer Signatur: G. Landens 16 . .

Auf Holz; Höhe 64, Breite 86 cm.

MAAS (DIRK),

geb. zu Haarlem 1656, † ebendaselbst 1717.

96. *Scene vor einer italienischen Schenke.*

Vor der zu einem Wirthshause führenden Steintreppe hält an der Seite eines Brunnens ein Jäger auf einem Schimmel, die junge, ihm Wein credenzende Wirthin begrüssend, welche die Treppe hinabgestiegen. Rechts, an einer halb offenen Scheune, neben einem Pflug und einem Futterkasten, ein Pferd mit seinem Knecht und zwei Ziegen mit einer melkenden Magd. Oben rechts über die Terrasse Aussicht auf die italienische Ortschaft.

Das Bild ist gut componirt, hell in der Farbe und bestens erhalten.

Links am Brunnen bezeichnet: D. Maas. 1681

Auf Leinwand; Höhe 62, Breite 77 cm.

Erwähnt in: Woltmann-Woermann, Geschichte der Malerei III. Band 2 Seite 649.
Photographirt bei Franz Hanfstängl (München).

MAGNASCO (ALESSANDRO), gen. Lissandrino,

Mailand—Genua 1681—1747.

97. *Die Einsiedler.*

Auf dem von Waldpartieen umgebenen freien, von einem Bache durchzogenen Platze steht ein Kreuz, von einem auf dem Boden knieenden Eremiten inbrünstig umschlungen. In der Tiefe rechts sitzt mit verschränkten Armen ein zweiter Eremit in stillem Gebet; neben ihm heilige Bücher.

Gut erhalten.

Auf Leinwand; Höhe 96, Breite 71 cm.

Die Bestimmung der Autorschaft rührt von Giovanni Morelli her.

MARIENHOF (F. A.),

geb. zu Gorkum 1650; soll in Utrecht noch 1677 gelebt haben.

*98. *Die Befreiung Petri aus dem Gefängniss.*

In der Mitte eines Gefängnisses sitzt Petrus, die gefalteten Hände auf ein Buch gestützt, den weissbärtigen Kopf seinem Befreier, dem in heller Kleidung neben ihm stehenden Engel, zugewandt. Durch das geöffnete Kerkerthor brechen die Strahlen der Sonne in das Dunkel des Gemaches, in dessen Hintergrund, auf einer Stiege hockend, zwei Wächter schlafen.

Interessantes, vorzüglich erhaltenes Gemälde dieses nur noch in der Eremitage zu St. Petersburg und in der Dresdener Galerie vertretenen Rembrandt-Schülers.

Rechts auf der Stiegeneinfassung bezeichnet:

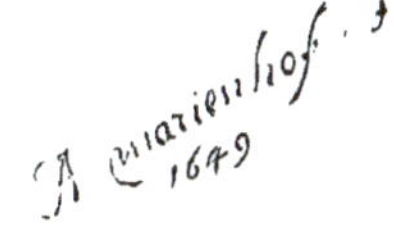

Auf Holz; Höhe 45, Breite 57 cm.

BERNARDINO DI MARIOTTO DA PERUGIA,

Ende des XV. und Anfang des XVI. Jahrhunderts.

99. *St. Laurentius und Zeno.*

Dieselben sind in ganzer Figur auf einer Steinterrasse stehend dargestellt, der heilige Laurentius im Priestergewande, in der Rechten die Palme, in der Linken den Rost. Neben ihm, das Kreuz umfassend, Zeno, Bischof von Verona, in der Rechten den an einem Bande hängenden Fisch, das altchristliche Symbol der Taufe, und in der Linken ein heiliges Buch haltend.

Das Gegenstück zu diesem etwa um 1520 entstandenen Bilde befindet sich in der Galerie zu Bergamo unter Morelli's Vermächtniss.

Auf Holz (Bild und Rahmen aus einem Stück); Höhe 63, Breite 51 cm.

Die Bestimmung der Autorschaft rührt von Giovanni Morelli her.

MAZZOLINO (LUDOVICO) (Schule von Bologna).

geb. zu Ferrara 1479; † um 1528.

100. *Pietà.* (Siehe Abbildung.)

Zu Füssen des den Hintergrund einnehmenden Kalvarienberges, auf welchem die drei Kreuze und zwei abziehende Henkersknechte sichtbar, sitzt vorne in der Mitte auf dem weissen steinernen Sarkophag die mit rothen und blauen Gewändern und mit weissem Kopftuche bekleidete Gottesmutter, wehklagend beide Arme ausgebreitet und das thränenfeuchte Auge auf den ihren Schooss bedeckenden, nur mit weissem Lendentuche angethanen Leichnam Christi gerichtet.

Tief empfundenes, in Composition und Colorit gleich bedeutendes Meisterwerk von bester Erhaltung.

Auf Holz; Höhe 29, Breite 22 cm.

Die Bestimmung der Autorschaft rührt von Giovanni Morelli her.

Auf der Rückseite des Bildes ist zu lesen: Raccolta del Conte Giambatista Costabili di Ferrara No. 268.

Die Originalzeichnung zu diesem Gemälde befindet sich im Besitze des Herrn von Beckerath in Berlin.

Photographirt bei Franz Hanfstängl (München).

MEULEN (ADAM FRANS VAN DER),

geb. zu Brüssel 1632; † zu Paris 1690.

101. *Reiterzug in einer Landschaft.*

In einem von Felsgruppen, Burgen und fernen Höhenzügen umschlossenen Thale, in dessen Hintergrunde eine Stadt sichtbar, reitet auf dem neben einem Bache sich bildeinwärts ziehenden Wege in einem Zuge von Cavalieren mit zahlreichen Vorreitern und Gefolge Herzog Philipp von Orleans, der durch seine Streifzüge bekannte Bruder Ludwigs XIV., auf prächtig geschirrtem Schimmel.

Dieses historisch interessante, reich staffirte Gemälde ist für den Hofmaler Ludwigs XIV. durchaus charakteristisch und von guter Erhaltung.

Auf Leinwand; Höhe 88, Breite 114 cm.

MICHAU (TH.),

geb. zu Doornick (Tournay) 1676; † zu Antwerpen 1765.

102. *Landschaft.*

Links ein schlossartiges, von Baumgruppen rings umgebenes Gebaude, rechts ein sich bildeinwärts erstreckender, hügeliger Weg, welcher von Reitern, Fussgängern, Hunden und einem lasttragenden Esel belebt ist.

Auf Holz; Höhe 26, Breite 35 cm.

Collection Habich

Lodovico Mazzolino
No. 100

103. *Landschaft.*

Aehnliche Composition wie oben und Gegenstück dazu.

Hübsche glatte Bildchen und insofern interessant, als sie die ersten Erwerbungen sind und als solche den Grundstock der Habich'schen Gemälde-Sammlung bilden.

Auf Holz; Höhe 26, Breite 35 cm.

MOLYN (PIETER),

geb. angeblich zu London um 1600; † zu Haarlem 1661.

*104. *Dorflandschaft.*

Im Vordergrunde links neben einem Ziehbrunnen das einen Schwan im Schilde führende Wirthshaus; vor demselben zwei stehende und zwei auf dem Boden sitzende Bauersleute im Gespräch. Auf der Landstrasse vor dem Wirthshause rechts ein Fuhrwerk, dessen Pferden ein Knecht Futter gibt, Reiter und mehrere Fussgänger; weiter zurück verschiedene, zwischen Buschwerk und Bäumen versteckte Gehöfte.

Gut erhaltenes, vortreffliches Bildchen, das aber weniger für Molyn als für Pieter Nolpe charakteristisch scheint.

Auf Holz; Höhe 29, Breite 45½ cm.

MOMPER (JOOS oder JODOCUS oder JOSSE DE),

geb. zu Antwerpen 1564; † ebendaselbst 1635.

105. *Dorflandschaft.*

Zu Füssen einer sich links erhebenden, mit Wein bewachsenen Anhöhe und zu beiden Seiten eines sich bildeinwärts ziehenden Wassers Häuser und von Bauersleuten und Vieh belebte Strassen. Im Vordergrunde links unter offenem Schuppen eine grosse Weinpresse und dabei beschäftigte Arbeiter. Davor an einem umgestürzten Fasse sitzend der Weinbauer und seine Frau beim Mittagsmahl.

Gutes farbiges Bildchen.

Auf Holz; Höhe 35, Breite 57 cm.

MOMPER (JOOS oder JODOCUS oder JOSSE DE),

geb. zu Antwerpen 1564, † ebendaselbst 1635

und

FRANCKEN II (FRANS),

geb. zu Antwerpen 1581; † ebendaselbst 1642.

106. *Die Zerstörung Trojas.*

An den Ufern des breiten, von reichbemannten Schiffen besetzten Skamandros rechts im Vordergrunde das Stadtthor, aus welchem das jammernde Volk mit Thier und Habe flüchtet. Darunter sieht man auch Aeneas, seinen alten Vater auf dem Rücken tragend. Auf dem jenseitigen Ufer in der Mitte eines grossen, von griechischen Kriegern belebten Platzes das hölzerne Pferd; im Hintergrunde die befestigte, auf der Anhöhe des Ida liegende brennende Stadt.

Ein für Momper seltener Gegenstand mit sehr interessanter Staffage von der Hand des Frans Francken II.

Auf Holz; Höhe 70, Breite 109 cm.

MOUCHERON (ISACK),

geb. zu Amsterdam 1670, lange thätig in Italien; † zu Amsterdam 1744.

107. *Landschaft aus der Umgegend von Rom.*

In der Mitte zwischen mit Burgen und anderen Gebäuden besetzten Höhenzügen der Tiber, an dessen Uferstrasse rechts zur Jagd ausziehende Reiter, Fussgänger und Hunde sichtbar; im Hintergrunde das Sabinergebirge.

Hübsches, ziemlich gut erhaltenes Gemälde.

Unten in der Mitte bezeichnet: *I'Moucheron f.*

Auf Leinwand; Höhe 50, Breite 65 cm.

NEEFS d. Ä. (PIETER) (?),

geb. zu Antwerpen um 1578; † ebendaselbst um 1660.

108. *Inneres einer Kirche.*

In dem hohen, von Kapellen umgebenen Schiffe einer Kirche gothischen Styls steht ein Priester mit zwei Damen und einem Kinde im Gespräch; daneben noch einige andere Leute.

Die hübsche Staffage ist jedenfalls von anderer Hand. Das Bildchen ist gut erhalten.

Auf Holz; Höhe 17, Breite 13 cm.

NERONI (BARTOLOMEO), gen. Riccio (Schule von Siena),

etwa 1500—1571.

109. Die heilige Familie.

In der Mitte in halber Figur, in rother und blauer Gewandung, sitzt Maria mit dem auf ihrem Schoosse knieenden heiligen Kinde. Daneben steht der kleine Johannes, mit einem Vögelchen spielend, das der Jesusknabe in seiner Rechten hält. Links Joseph mit gefalteten Händen, rechts die heilige Catharina von Siena in gelbem Gewande.

Neroni, der Schwiegersohn des Sodoma, hat von dem Letzteren, wie unser Gemälde zeigt, sichtlich entnommen.

Auf Holz (rund); Durchmesser 84 cm.

Die Bestimmung der Autorschaft rührt von Giovanni Morelli her.

NIEDERLÄNDISCHE SCHULE,

Anfang des XVI. Jahrhunderts.

110. Eremit in einer Landschaft.

Im Vordergrunde einer von Wald und Gebirge eng umschlossenen Landschaft, in deren Tiefe rechts vor einigen Gebäulichkeiten ein paar Figuren sichtbar, sitzt, von vorne gesehen, an dem hügeligen Ufer eines Flusses in blauem Untergewande mit schwarzer Kutte der weissbärtige Mönch, in der Linken einen Stab haltend; seine Rechte, welche ein Augenglas hält, ruht auf dem in seinem Schoosse aufgeschlagenen heiligen Buch.

Dieses wohlerhaltene, tüchtige Bild erinnert in seiner feinen Malweise an Gerard David.

Auf Holz; Höhe 23, Breite 19 cm.

NOLPE (PIETER),

geb. im Haag 1601; † zu Amsterdam nach 1670.

111. Die Heuernte.

Im Vordergrunde der von einzelnen Baumgruppen umstandenen Wiese, auf welcher mehrere mit Pferden bespannte und mit Heu beladene Wagen sichtbar, hält eine Anzahl Bauersleute ihre Vesperstunde.

Reizendes, vortrefflich erhaltenes Bildchen, hell in der Farbe und fein in der Ausführung.

Auf Holz; Höhe 39, Breite 58 cm.

NORDDEUTSCHE SCHULE,

erste Hälfte des XVI. Jahrhunderts.

112. *Bildniss einer jungen Frau.*

Dieselbe ist bis zur Hüfte fast en face auf dunkelm Grunde dargestellt, mit rothem Unterkleide, weissem Spitzenhemd, ebensolchem Kopftuch und einem Sammetkragen, um die Taille eine goldene Kette mit herabhängender Perlenschnur, die von ihren reichberingten Händen gehalten wird.

Die Behandlung des Fleisches, die schlichte und flüssige Malweise sowohl, wie die sichere Zeichnung und der charaktervolle Ausdruck deuten stark auf die Autorschaft Jan van Scorels hin. Das Bild ist bis auf einige Risse ziemlich erhalten.

Auf Holz; Höhe 66, Breite 58 cm.

NORTHEN (ADOLF),

geb. zu Hannov. Münden 1828; † zu Düsseldorf 1876.

113. *Napoleons Rückzug aus Russland.*

In der Mitte der beschneiten russischen Landschaft Napoleon, auf dem Schimmel reitend; vor ihm und hinter ihm marschirend die durch bittere Kälte und Schneegestöber leidenden Truppen. Im Hintergrunde, nur skizzenhaft angedeutet, Reiterei und Kanonen.

Diese fein und geistreich behandelte Skizze ist der erste Entwurf zu dem grösseren, im Museum zu Hannover befindlichen gleichen Bilde des Meisters und ungleich reizvoller als das letztere.

Bezeichnet: Adolf Northen 66.

Auf Leinwand; Höhe 28, Breite 41 cm.

OSTADE (ADRIAEN VAN),

geb. zu Haarlem 1610; † ebendaselbst 1675.

114. *Die Kartenspieler.* (Siehe Abbildung.)

In dem Hofwinkel vor einer alten, mit Stroh bedeckten Bauernhütte sitzen links an einem Schemel zwei Kartenspieler, denen ein daneben stehender Bauer zusieht. Vorne in der Mitte zwei Kinder mit einem Hunde am Boden und, vor der Hütte sitzend, eine ihr Kind stillende Mutter. In der Ferne rechts eine zwischen Baumgruppen liegende Gebäulichkeit.

Feines, geistreiches Werk aus der ersten Zeit des Meisters.

Auf Holz; Höhe 35, Breite 31 cm.

Dem Bilde ist auf der Rückseite ein kleiner Stahlstich angeheftet, denselben Gegenstand (die Kartenspieler) darstellend, gestochen von W. Jury.

Collection Habich

Adriaen van Ostade
No. 113

Adriaen van Ostade
No. 115.

115. *Tanzende Bauern.* (Siehe Abbildung.)

In dem Innern einer Dorfscheune auf einer Bank in der Mitte stehend ein Dudelsackbläser, dem vor ihm tanzenden Bauernpaar aufspielend. Daneben, auf einem Schemel sitzend, Alte mit einem Krug in der Hand. Rings herum in sitzender und hockender Stellung lachende und rauchende Zuschauer, vor denen mehrere Bierkrüge stehen.

Das der frühen Epoche des Meisters entstammende, wohlerhaltene Gemälde ist von vorzüglicher Composition, wirkungsvoller Behandlung des Helldunkels und vornehm in der Farbe.

Unten rechts Spuren einer Bezeichnung.

Auf Holz; Höhe 38, Breite 49 cm.

Photographirt bei Franz Hanfstängl (München).

OSTADE (ISACK VAN),

geb. zu Haarlem 1621; † ebendaselbst 1649.

*116. *Das Innere eines Bauernhofes.*

Im Hintergrunde rechts ein mit Stroh gedeckter offener Schuppen, in welchem Karren, Rad, Körbe und anderes Geräth sichtbar; im Vordergrunde links bei einer Gruppe hoher Bäume eine Umzäunung, über der ein mit verschiedenen Geräthen bestandenes Brett liegt; daneben futtersuchende Hühner.

Sehr tüchtiges Werk von breiter malerischer Behandlung und ansprechendem, warmem Gesammtton.

Unten rechts bezeichnet: Isack Ostade

Auf Holz; Höhe 39, Breite 41 cm.

PALAMEDESZ (ANTONI) gen. Stevaerts,

geb. zu Delft 1600; † zu Amsterdam 1673.

117. *Jagdgesellschaft.* (Siehe Abbildung.)

In dem von grauem Gemäuer umgebenen Hofraum steht in der Mitte ein Officier mit Stock und Degen in gelbem Koller, rother Schärpe und ebensolcher Feder auf dem grauen Hute, im Gespräch mit einem Cavalier in schwarzem Costüm; daneben zwei Jäger mit Hunden, zur Jagd ausgerüstet; rechts liegen Mantel und Hirschfänger am Boden, und im Hintergrunde stehen und sitzen drei Männer, von denen sich zwei an einem Feuer wärmen.

Dies besonders im Colorit vornehme Bildchen ist für Palamedesz sehr charakteristisch und von guter Erhaltung.

Unten links auf einem Kasten bezeichnet: A. Palamedes.

Auf Holz; Höhe 26, Breite 35 cm.

Erwähnt in: Woltmann-Woermann, Geschichte der Malerei, III. Band 2 Seite 830.

Photographirt bei Franz Hanfstängl (München).

PARMA (Schule von),

zweite Hälfte des XVI. Jahrhunderts.

118. *Madonna mit dem Kinde.*

In einem von Bäumen und Buschwerk beschatteten Garten, aus dessen Thor zwei Engel in die hügelige Landschaft des Hintergrundes schreiten, sitzt im Vordergrunde links Maria, in rothe und blaue Gewänder gekleidet, den nackten Jesusknaben auf ihrem Schoosse zärtlich an sich schmiegend. Darüber zwei fliegende, über dem Haupte der Gottesmutter eine Krone haltende Engel.

Fein ausgeführtes und gut erhaltenes Bildchen.

Auf Leinwand; Höhe 33, Breite 22 cm.

Die Bestimmung der Autorschaft rührt von Giovanni Morelli her.

POEL (EGBERT VAN DER),

geb. zu Delft 1621; † zu Rotterdam 1664.

*119. *Der Strand von Scheveningen.*

Im Vordergrunde die von Fuhrwerken, Reitern und Fischhändlern belebte Düne, aus welcher im Hintergrunde Häuser und Kirche von Scheveningen hervorragen; rechts am Strande einige Fischerboote, dahinter die offene See.

Kleines, reizvolles Cabinetstück, äusserst geistreich in der Zeichnung, geschmackvoll in der Farbe und von tadelloser Erhaltung.

Unten rechts bezeichnet: E vande Poel

Auf Kupfer (oval); Höhe 16, Breite 21 cm.

Erwähnt in: Woltmann-Woermann, Geschichte der Malerei, III. Band 2 Seite 835.
Radirt von W. Unger.
Photographirt bei Franz Hanfstängl (München).

POST (FRANS JANSZ),

geb. zu Haarlem, thätig in Brasilien von 1637—1644; † zu Haarlem 1680.

120. *Brasilianische Dorflandschaft.*

Zu beiden Seiten eines sich bildeinwärts erstreckenden, von Eingeborenen belebten Weges, zwischen einer reichen Vegetation von Palmen, Orangen und anderen Bäumen, das Dorf mit seinen ver-

Adam Pynacker
No. 121

schiedenen Gebäulichkeiten an den Ufern eines Flusses, über welchen hinweg der Blick in die von fernen Höhenzügen begrenzte Ferne schweift.

Gut erhaltenes Werk von schlichter Wahrheit und vortrefflicher Ausführung.

Unten rechts auf einem Steine bezeichnet: F. POST

Auf Leinwand; Höhe 65, Breite 87 cm.

PYNACKER (ADAM).

geb. zu Pynacker bei Delft 1621; † zu Amsterdam 1673.

121. *Landschaft.* (Siehe Abbildung.)

Auf dem hügeligen, von einigen Baumen bestandenen Terrain des Vordergrundes rasten Jäger mit ihren Hunden, während sich von dem Ufer des im Hintergrunde sichtbaren Sees her ein Reiter und ein Fussgänger der Jagdgesellschaft nähern. Links eine Waldpartie, rechts Blick auf das im Sonnenlicht schimmernde Gebirge.

Ein durch malerische Composition, helles Colorit, reizvolle Beleuchtung und beste Erhaltung gleich ausgezeichnetes Cabinetstück.

Am unteren Rande von der Mitte etwas nach rechts bezeichnet: A. Pynacker

Auf Leinwand; Höhe 38, Breite 47 cm.

REMBRANDT (HARMENSZ VAN RIJN).

geb. zu Leiden 1606; † zu Amsterdam 1669.

*122. *Männliches Brustbild. (Rembrandts Vater.)*

Derselbe ist in älteren Jahren mit faltigem Gesicht und struppigem Bart, Kopf und Blick dem Beschauer zugewendet, in Dreiviertel-Lebensgrösse dargestellt; er ist mit einem dunkeln Gewande und einer ebensolchen Kopfbedeckung bekleidet.

Ausser Dr. O. Eisenmann und anderen deutschen Autoritäten haben auch Emil Michel und Mr. de Somoff, Director der Eremitage (Petersburg), die Echtheit dieses frühen, etwa um 1630 entstandenen und durchaus charakteristischen Rembrandt anerkannt.

Auf Holz; Höhe 48, Breite 37 cm.

Rembrandt hat denselben Kopf en profil radirt (Bartsch No. 222).

Photographirt bei Franz Hanfstängl (München).

ROGHMAN (ROELAND),

geb. zu Amsterdam 1597; † ebendaselbst nach 1686.

*123. *Gebirgslandschaft bei Sonnenuntergang.*

Zu beiden Seiten von bewaldeten Gebirgszügen eingeschlossen der Fluss, in welchen sich aus einer überbrückten Schlucht ein Wasserfall ergiesst; im Vordergrunde rechts ein Angler, links ein mit Fussgängern und einer Heerde belebter Weg und in der Mitte auf einer Anhöhe am Ufer eine rastende Frau.

Dieses breit und flott in rembrandtesker Manier gemalte Meisterwerk zeugt von einer treuen Beobachtung der Natur bei malerischer Auffassung und grosser Harmonie in Farbe und Stimmung.

Auf Leinwand; Höhe 63, Breite 74 cm.

Photographirt bei Franz Hanfstängl (München).

RUBENS (PETER PAUL),

geb. zu Siegen (Westf.) 1577; † zu Antwerpen 1640.

124. *Die Grablegung Christi.* (Siehe die Heliogravüre.)

In der Mitte einer Felsenhöhle, durch deren bogenartige Oeffnung rechts das warme Abendroth hereinleuchtet, der von Joseph von Arimathia und Nicodemus getragene, mit einem weissen Tuche halb bedeckte Leichnam Christi, über den sich, neben Johannes stehend, Maria beugt; im Hintergrunde links zwei weinende Frauen. Rechts an dem geöffneten Grabe, mitten in der Thüröffnung knieend, Maria Magdalena und hinter ihr eine Stroh herbeitragende Frau.

Diese geistreiche Skizze ist ein coloristisches Meisterwerk ersten Ranges.

Es ist jedenfalls der früher im Besitz des Mr. Norten befindlich gewesene Entwurf zu der von Rubens für die Kapuzinerkirche in Cambray gemalten Grablegung, auf welcher die zwei von Maria links stehenden, nur flüchtig hingeworfenen Frauen sowie eine dritte, deren Pigment auf dem dunkeln Grunde unserer Skizze nur schwer sichtbar, überhaupt fehlen.

Auf Holz; Höhe 48½, Breite 64 cm.

Siehe: Smith, Catalogue raisonné Part. II. page 58 No. 164.

RUISDAEL (JACOB VAN).

geb. zu Haarlem um 1628 oder 1629; † ebendaselbst 1682.

125. *Die Wassermühlen.* (Siehe die Heliogravüre.)

Im Vordergrunde der Fluss, an dessen rechtem Ufer die eine sonnenbeleuchtete Mühle liegt, von welcher ein durch Männer bedientes Wehr mit einer Holzbrücke zu der auf dem linken Ufer liegenden zweiten Mühle führt. Ueber die Holzbrücke des Wehrs hinweg schweift der Blick auf eine von Baumgruppen bestandene, den Hintergrund abschliessende Anhöhe. Darüber der grau bedeckte Himmel.

Aeusserst stimmungsvolles, höchst malerisches, aus der guten Zeit des Meisters stammendes Werk, von reizvollster Wirkung, sowohl in coloristischer als technischer Beziehung. Dieses kleine Cabinetstück stammt aus englischem Privatbesitz und ist superb erhalten.

An der linken Seite des Bildes auf einer Holzplanke das Monogramm: JR

Auf Holz; Höhe 40, Breite 48 cm.

RUYSCH (RACHEL).

geb. zu Amsterdam 1664; † ebendaselbst 1750.

126. *Blumenstück.*

Auf einem Steinsockel liegen ungebundene Tulpen, Nelken und Rosenzweige etc., daneben eine Schnecke.

Hübsches, aber kaum von der Hand der Rachel Ruysch herrührendes Bildchen; wahrscheinlich ein Werk der Maria von Osterwyk.

Auf Leinwand. Höhe 35, Breite 29 cm.

127. *Blumenstück.*

Auf einem Steinsockel vor einer grauen Wand liegt ein Bouquet von Rosen und anderen Blumen, auf welchen verschiedene Insecten kriechen.

Kleines, helles, wie uns die echte Signatur sagt, im 78. Lebensjahre der Künstlerin entstandenes Bildchen und schon deshalb interessant.

Unten links auf der Tischkante bezeichnet:

Rachel Æ 78 Ruysch 1741

Auf Holz; Höhe 21, Breite 25 cm.

RUYSDAEL (SALOMON VAN),

geb. zu Haarlem um 1600, † ebendaselbst 1670.

128. *Holländische Herbstlandschaft.* (Siehe Abbildung.)

Links eine Baumgruppe; im Mittelgrunde liegt ein Gehöft zwischen Baumen und Buschwerk, vor demselben lagert eine Heerde. Im Vordergrunde rechts eine Furt, die ein von drei Reitern begleiteter Reisewagen, in welchem zwei Frauen sitzen, passirt; ihnen folgt in der Entfernung ein zweiter Wagen, Reiter etc. In der weitesten Ferne erblickt man den Kirchthurm einer Ortschaft und einen Höhenzug. Darüber der von der Nachmittagssonne warm durchleuchtete Himmel.

Hervorragendes Werk des Meisters von ungewöhnlicher Schönheit und Erhaltung.

Unten in der Ecke links bezeichnet: SVR 50.

Auf Holz; Höhe 52, Breite 68½ cm.

*129. *Jagdgesellschaft an einem Waldquell.*

Am Waldesrand zu Füssen einer hohen Baumgruppe im Vordergrunde links stürzt ein kleiner Waldquell hervor, an dessen Wassern in der Mitte des Bildes und rechts eine Jagdgesellschaft zu Pferde und Wagen mit ihren Jagdhunden rastet; dahinter Buschwerk und eine nach rechts ansteigende Anhöhe, welche den Blick in die Ferne begrenzt.

Qualität und Erhaltung wie bei dem vorigen.

Unten gegen die Mitte bezeichnet: SRuysdael 1659

Auf Holz; Höhe 51, Breite 64 cm.

Erwähnt in: Woltmann-Woermann, Geschichte der Malerei, III. Band 2 Seite 628.
Photographirt bei Franz Hanfstängl (München).

RYCKAERT (DAVID),

geb. zu Antwerpen 1612; † ebendaselbst 1661.

130. *Die Hausmusik.*

In der Mitte eines Gemaches, an dessen Rückwand ein Schinken hängt, sitzt ein die Laute spielender bärtiger Alter, den linken Fuss auf einen Schemel gestützt; zu seiner Rechten, ebenfalls in sitzender Stellung, die ihn anhörende Frau in rother Jacke und grüner Schürze, auf welcher ein Hündchen ruht. Sie lehnt sich an einen halbbedeckten Tisch, auf welchem eine mit Wein gefüllte Schale steht. Darunter

Salomon van Ruysdael
No. 128

auf dem Fussboden eine ebensolche Glasflasche und rechts der Lautenkasten.

Ein für Ryckaert und seine Typen durchaus charakteristisches Werk von vorzüglicher Erhaltung.

Unten rechts auf einem Holzschemel bezeichnet: D. R. 1644 A

Auf Leinwand; Höhe 43, Breite 55 cm.

Erwähnt in: Woltmann-Woermann, Geschichte der Malerei III. Band 1 Seite 517.

SCHÄUFELIN (HANS LEONHARD),

geb. zu Nürnberg 1490, thätig zu Augsburg und Nordlingen; † daselbst 1539 oder 1540.

131. *Die Huldigung des göttlichen Lammes.*

In der Mitte oben in einem Wolkenkranz auf der Bibel stehend das die Fahne haltende weisse Gotteslamm. Zu seiner Rechten und Linken, ebenfalls von Wolken umgeben, die Symbole der vier Evangelisten. Unten auf Wolken, theils knieend, theils stehend, und in die Anbetung des Lammes versunken, links mit ihren Namen gekennzeichnet, dreizehn Heilige des alten Testaments, rechts die zwölf Apostel und zu ihrer Seite im Vordergrunde knieend, der in schwarze Gewänder gekleidete Donator mit einem Bischofsstab; daneben drei Wappenschilder, von einer Mitra überragt.

Das interessante Gemälde ist bis auf die etwas gebogene Holzplatte ziemlich erhalten, aber wahrscheinlich das Bruchstück eines grösseren Altarbildes.

Unten in der Mitte auf einem Täfelchen bezeichnet

Auf Holz; Höhe 93, Breite 153 cm.

SCHEDONI oder SCHIDONE (BARTOLOMEO)
(Oberitalienische Schule),
geb. zu Modena 1560; † zu Parma 1615.

132. *Johannes predigt in der Wüste.*

Derselbe ist in halber Figur nackt dargestellt, die Lenden mit einem Fell umkleidet; offenen Mundes hat er das bartlose Gesicht nach rechts gewandt und den thränenfeuchten Blick nach oben gerichtet. In der Linken hält er den Kreuzesstock, dessen herabwallendes Fahnenband, von seiner Rechten entfaltet, die Aufschrift: »Ecce Agnus Dei« trägt.

Unter dem Einflusse des Carracci entstandenes frühes Werk.

Auf Leinwand; Höhe 95, Breite 70cm.

Die Bestimmung der Autorschaft rührt von Giovanni Morelli her.

SCHWARTZ (CHRISTOPH),
geb. bei Ingolstadt, thätig in Venedig und München 1596.

133. *Christus am Kreuze.*

Im Vordergrunde auf der Höhe des Calvarienberges der todte Christus am Kreuze, welches Maria Magdalena knieend umfangen hält; links kniet Maria, von einem Engel getröstet, rechts mit gefalteten Handen Johannes. Im Hintergrunde der düster beleuchteten Felslandschaft die abziehenden Krieger und Henkersknechte. Die dazugehörige alte Umrahmung ist bemalt mit verschiedenen biblischen Gestalten, oben in der Mitte Gott Vater.

Die Bestimmung dieses interessanten Bildchens rührt von Professor A. Hauser (München) her.

Auf Holz; Höhe 47, Breite 33cm.

SIENA (Schule von),
um 1370.

134. *Madonna mit dem Jesuskinde, von den Heiligen umgeben.*

In der Mitte die thronende Maria mit dem Jesuskinde auf einem rothen, schwarz gemusterten Teppich; zu beiden Seiten stehend je zwei Heilige in ganzer Figur. Auf Goldgrund. Unten die Inschrift: »Ave Maria gratia plena.«

Nicht uninteressantes Werk.

Auf Holz; Höhe 60, Breite 34cm.

Die Bestimmung der Autorschaft rührt von Giovanni Morelli her.

SNIJERS (PETER).

Antwerpen 1681—1752.

135. Stillleben.

Vor einer dunkeln Wand auf dem Fussboden stehend mehrere Blumentöpfe, Korb mit Flasche, Aepfeln, Kohlkopf und Karviol.

Unten rechts bezeichnet: Pe. Snijers.

Auf Kupfer; Höhe 19, Breite 24 cm.

136. Stillleben. (Gegenstück zu dem Vorigen.)

Vor einer dunkeln Wand auf dem Fussboden rechts ein mit Fruchten gefüllter Korb, daneben links ein Nelkentopf, dahinter ein zweiter, umgestürzter Korb.

Die beiden delicat ausgeführten Werke sind als Originalarbeiten des sehr selten vorkommenden Peter Snijers (nicht zu verwechseln mit Peter Snayers oder Pieter Sneyers) immerhin interessant.

Unten in der Mitte bezeichnet: Pee: Snyers. f

Auf Kupfer; Höhe 19, Breite 24 cm.

SODOMA (GIOV. ANT. BAZZI).

geb. zu Vercelli 1477; † zu Siena 1549.

**137. Christus auf dem Kreuzesgange.* (Brustbild.)

Der mit weissem Gewande angethane Christus lehnt seinen vom braunen Haupt- und Barthaar umflossenen Kopf mit einer Dornenkrone an den Kreuzesstamm, welchen seine Hände zu umfassen scheinen. (Wahrscheinlich Bruchstück einer grösseren Composition.)

Originalwerk von edelstem Ausdruck stiller Resignation.

Auf Holz; Höhe 38, Breite 29 cm.

SPANISCHE SCHULE,

XVII. Jahrhundert.

138. *Brustbild einer Dame.*

Dieselbe ist von vorne, Kopf und Blick etwas nach links gewandt, auf dunkelm Grunde dargestellt, in schwarzem Kleide mit weissem flachen Spitzenkragen. Sie trägt reiches Geschmeide von Gold und Perlen und an einem der Halsschnüre kleines Gehänge in Form eines Scorpions. In der allein sichtbaren rechten Hand hält sie ein kleines Gebetbuch. Das dunkle herabwallende Haar wird am Hinterkopf von einem rothen Bande zusammengehalten.

Auf Leinwand; Höhe 63, Breite 50 cm.

Photographirt bei Franz Hanfstängl (München).

STROZZI (BERNARDO), gen. il Capucino,

geb. zu Genua 1581; † zu Venedig 1644.

139. *Weibliches Brustbild.*

Die in Dreiviertel-Profil Dargestellte hat den Blick nach oben gerichtet, das braune Haupthaar von rothem Kopfputz zusammengehalten; die vom weissen Gewande halb entblösste Büste mit einer Schmuckkette geziert.

Wahrscheinlich Studie zu einer Heiligen.

Auf Leinwand; Höhe 41, Breite 34 cm.

Die Bestimmung der Autorschaft rührt von Gustav Frizzoni her.

SWANEVELT (HERMAN),

geb. wahrscheinlich zu Woerden um 1600, thätig in Holland, Italien und Frankreich; † zu Paris 1655.

140. *Heroische Landschaft.*

Auf dem hügeligen Terrain des Vorgrundes, am Rande eines Wassers, Hirten mit ihrer Rinderheerde; rechts ein mit hohen Bäumen bestandener Hohlweg; links auf einer Anhöhe eine Burg, im Hintergrunde die bergige Landschaft.

Das Gemälde ist von guter Qualität, auch bezüglich der Erhaltung.

Auf Leinwand (rund); Durchmesser 60 cm.

TEMPEL (ABRAHAM VAN DEN),

geb. zu Leeuwarden 1622 oder 1623; † zu Amsterdam 1672.

141. *Die Geschwister.*

Im Vordergrunde einer dunkeln Parkpartie auf einem mit Blumen und Früchten aller Art bestreuten Rasenhugel sitzen, die Blicke meist dem Beschauer zugewandt, fünf reichgekleidete Geschwister, in ihrer Mitte das mit einem Kranze blühender Blumen geschmückte Jüngste, zu dessen Füssen ein schmeichelndes Hündchen. Eine der Schwestern zeigt auf die von oben rechts herabschwebende, Kränze und Lilien tragende Engelschaar. Rechts beschränkter Ausblick in die Ferne, links eine Fontaine.

Stattliches Gruppenbild von vornehmer Auffassung, malerischer Anordnung und von einer gewissen Naivität der allegorischen Zuthaten.

Links an dem Piedestal einer Statue bezeichnet:

AV Tempel, ad 1662

Auf Leinwand. Hohe 172, Breite 192cm.

Erwähnt in: Woltmann-Woermann, Geschichte der Malerei III. Band 2 Seite 775.

TERBORCH (GERARD).

geb. zu Zwolle 1617 (?); † zu Deventer 1681.

142. *Familienbild.* (Siehe Abbildung.)

Im Freien vor den Mauern einer schlossartigen Ruine stehend eine Gesellschaft von zwei Cavalieren mit ihren drei elegant gekleideten Damen und einem Knaben, wahrscheinlich die Mitglieder der Familie Terborch darstellend.

Interessantes, auch im Colorit durchaus vornehmes Gemälde.

Von Einigen als ein Werk der Gesina Terborch bezeichnet, hochst wahrscheinlich aber ein Jugendbild Gerards.

Auf Leinwand; Hohe 41, Breite 63cm.

TERBRUGGHEN (HENDRIK),

geb. zu Deventer 1587; † zu Utrecht 1620.

*143. *Der Flötenspieler.* (Brustbild.)

Derselbe, ein bartloser junger Mann, ist von links nach rechts schauend im Profil und Flöte blasend dargestellt, das Haupt mit einem federgeschmückten Barett bedeckt. Er ist mit einem grünlichen geschlitzten Obergewand bekleidet, aus welchem das weitbauschige, weiss und blau gestreifte Untergewand hervorsieht.

Auf der Agraffe des Federhutes das Monogramm: HB

Auf Leinwand; Höhe 70, Breite 55 cm.

Erwähnt in: Woltmann-Woermann, Geschichte der Malerei III. Band 2 Seite 559.
Photographirt bei Franz Hanfstängl (München).

*144. *Der Flötenbläser.* (Brustbild; Gegenstück zu dem Vorigen.)

Derselbe ist, von rechts nach links gewandt, Flöte blasend dargestellt mit einem Federhute auf dem Kopfe. Er ist über einem weissen Untergewande, welches die linke Brust und Schulter völlig unbedeckt lässt, mit einem rothen Mantel bekleidet. So wie das vorige auf grauem Grunde.

Dieser nur noch in Deventer, Augsburg, Köln und Schwerin vorkommende seltene Meister ist in diesen beiden vortrefflich erhaltenen Gemälden durch eine charakteristische Helligkeit in der Farbe sowie durch eine gewisse Eleganz in der Wirkung bestens vertreten.

Auf dem grauen Grunde links bezeichnet:

HBrugghen · fecit · 1621

Auf Leinwand; Höhe 70, Breite 55 cm.

Erwähnt in: Woltmann-Woermann, Geschichte der Malerei III. Band 2 Seite 559.
Photographirt bei Franz Hanfstängl (München).

TIZIANO (VECELLI DA CADORE),

geb. zu Pieve di Cadore 1477; † zu Venedig 1576.

145. *Portrait Philipps II. von Spanien.* (Siehe die Heliogravure.)

Derselbe ist in lebensgrosser halber Figur, Gesicht und Körper nach links gewandt, mit dem Blick den Beschauer fixirend, in einem mit dunkelm Tuche und rothen Knöpfen besetzten Stuhle vor einem mit Arabesken und weissen Blumen damascirten braunen Vorhang sitzend dargestellt. Er trägt ein weissliches, pelzverbrämtes und an den Achseln aufgepufftes Gewand, die auf die Brust herabhängende Kette des goldenen Vliesses und ein schwarzsammetnes Barett mit Agraffe, unter welchem ein Büschel rothbrauner krauser Haare hervorsieht. Seine Rechte hält das Scepter, während seine Linke auf der Lehne des Stuhles ruht. Links durch ein geöffnetes Fenster blickt man in eine hügelige, baumbestandene Landschaft.

Dieses in Bezug auf seine geistreiche Malweise und sein wahrhaft vornehmes Colorit — welches die für Tizian besonders charakteristischen Grundfarben: schwarz, weiss und roth zeigt — einzig dastehende Meisterwerk ist wahrscheinlich sein erster, etwa um 1550 in Augsburg nach dem Leben und zwar prima gemalter Entwurf, der allen späteren Philipp-Portraits zur Unterlage gedient hat. Die hervorragendsten deutschen Kunstgelehrten haben die Autorschaft des Bildes anerkannt; es zählt unstreitig zu den Perlen der Habich'schen Sammlung.

Auf Leinwand; Höhe 96, Breite 75 cm.

TURCHI (ALESSANDRO), gen. L'Orbetto,

geb. zu Verona um 1582; † zu Rom 1648.

146. *Allegorie auf den Frieden.*

In der Mitte des Vordergrundes einer hügeligen öden Landschaft auf einem Aufbau von blankem Rüstzeug sitzend die beflügelte, mit gelb und rosafarbenem, die Arme und das Bein freilassendem Gewande bekleidete Göttin des Friedens, in der Linken einen Lanzenschaft, in der Rechten eine Palme haltend. Um sie herum in stehender und fliegender Stellung acht nackte Amoretten, damit beschäftigt, sich selbst sowohl als der Göttin die Federn ihrer Flügel auszurupfen.

Tüchtiges, ziemlich gut erhaltenes Werk von hübscher Composition und reizvoller Behandlung des allegorischen Gegenstandes.

Auf Holz; Höhe 39, Breite 51 cm.

Die Bestimmung der Autorschaft rührt von Giovanni Morelli her.

UITENBROECK (MOSES VAN),

geb. im Haag 1590; † ebendaselbst 1648.

147. *Das Urtheil des Paris.*

Im Vordergrunde auf dem hügeligen Ufer einer nach rechts hin weit ausgedehnten, mit Höhenzügen, Baumgruppen und antiken Gebäulichkeiten besetzten Flusslandschaft sitzt, den Rücken dem Beschauer zukehrend, Paris, den linken Arm auf seinen Mantel gelegt. Rechts von ihm stehend, theils nackt, theils reichgekleidet, Hera, Athene und die von Amor begleitete Aphrodite. Links neben Paris ein Rind und eine Ziege.

Ausserordentlich fein ausgeführtes Staffeleibild dieses seltenen Meisters; besonders reizvoll die Landschaft.

Unten fast in der Mitte bezeichnet: 1626 M.V.WBK

Auf Holz; Höhe 36, Breite 38 cm.

Erwähnt in: W. Bode, Studien zur Geschichte der holländischen Malerei Seite 339.

148. *Mars und Venus.*

Im Vordergrunde einer Felsengrotte, durch welche rechts ein schäumendes Wasser stürzt, sitzt links auf einem Felsblock Mars, die ihr blaues Lendentuch emporhaltende Venus auf seinem Schoosse; beide in nackter Figur. Rechts und links zu ihren Füssen tanzende, spielende und musicirende Amoretten. Daneben blankes Rüstzeug und ein Schwert.

Das interessante Bildchen galt früher als ein Werk des Adam Elsheimer, seine erste Bestimmung als Uitenbroeck rührt von W. Bode her.

Auf Kupfer; Höhe 36, Breite 49 cm.

Erwähnt in: W. Bode, Studien zur Geschichte der holländischen Malerei Seite 339.

UNBEKANNTER MEISTER (wahrscheinlich aus der Rubensschule),

XVII. Jahrhundert.

149. *Perseus befreit Andromeda.*

Zwischen zwei mächtigen Felspartieen ergiessen sich die aufschäumenden, alles überschwemmenden Wogen des weiten, den ganzen Hintergrund einnehmenden Meeres, aus dessen Ferne sich das wasserspeiende Ungeheuer der im Vordergrunde rechts an eine Felskante gefesselten Andromeda nahert, die, ihren Blick nach oben gerichtet, den auf geflügeltem Ross zu ihrer Befreiung erscheinenden Perseus gewahrt.

Eine genaue Copie dieses originellen, schwer zu bestimmenden Bildes befindet sich auf einem Gemälde (Interieur) von Pieter de Hooch im Besitze des Grafen Arenberg in Brüssel.

Auf Holz; Höhe 39, Breite 48 cm.

VELDE (ADRIAEN VAN DE),

geb. zu Amsterdam 1635 (oder 1636); † ebendaselbst 1672

und

MOUCHERON (FRED.),

geb. zu Amsterdam 1633 (oder 1634); † ebendaselbst 1686.

*150. *Ziegen im Walde.*

Im Vordergrunde einer Waldlandschaft steht eine grau und braun gefleckte Ziege mit ihrem Zicklein. (Die Landschaft von F. Moucheron.)

Das Gemälde ist von weichem, malerischem Farbenschmelz und von fein harmonischer Ausführung.

Auf Leinwand; Höhe 42, Breite 51 cm.

Photographirt bei Franz Hanfstängl (München).

VELDE (ESAIAS VAN DE),

geb. zu Amsterdam 1590; † im Haag 1630.

151. *Winterlandschaft.* (Siehe Abbildung.)

Im Vordergrunde einer theilweise mit Schnee bedeckten Dorflandschaft der Fluss, auf dessen Eisfläche mehrere eingefrorene Fischerboote, Fussgänger und Schlittschuhläufer neben einer am Ufer zwischen Bäumen stehenden Bauernhütte sichtbar sind.

Unten rechts bezeichnet: E.V.VELDE. 16?.

Auf Holz (rund); Durchmesser 17 cm.

Erwähnt in: Woltmann-Woermann, Geschichte der Malerei III. Band 2 Seite 622.

Photographirt bei Franz Hanfstängl (München).

152. *Sommerlandschaft.* (Gegenstück zu dem Vorigen; siehe Abbildung.)

Im Vordergrunde eines mit Heubündeln bestandenen Wiesenplanes, durch welchen sich der mit Fussgängern belebte Feldweg schlängelt, steht links ein hoher Baum, daneben ein hoch beladener, mit zwei Pferden bespannter Erntewagen; gegenüber am Rasen ein rastendes Paar und ein Hund. Im Hintergrunde wird zwischen Baumgruppen eine Ortschaft sichtbar.

Diese aus der ersten Zeit des Meisters stammenden, liebevoll durchgeführten Bildchen sind hell und dünn in der Farbe und gut erhalten.

Rundbild gleicher Grösse.

Photographirt bei Franz Hanfstängl (München).

VENNE (ADRIAEN VAN DE),

geb. zu Delft 1589; † im Haag 1662.

153. *Darstellung aus dem holländischen Volksleben.* (Grisaille.)

Aus dem Hintergrunde von rechts nach links bewegt sich ein Zug allerlei maskirten und unmaskirten Volkes mit Fahne, Tambour und dem auf einem Esel reitenden Anführer.

Nach O. Eisenmann soll es sich bei dem Gegenstand um die Verbildlichung eines holländischen Sprichwortes handeln.

Unten links bezeichnet: AD: v: Venne

Auf Holz; Höhe 50, Breite 79cm.

VENNE (J. VAN DE),

Holländische Schule, XVII. Jahrhundert.

154. *Raubanfall in einem Dorfe.*

Auf einer von beiden Seiten mit Bauernhütten besetzten Dorfstrasse hält ein Trupp Reiter und bewaffnetes Fussvolk neben getödteten und gefangenen Bauern. Einige Fliehende werden verfolgt, lebende und todte Beute wird herangeschleppt, und im Vordergrunde kniet ein Alter, um Gnade flehend.

Wir möchten das Bildchen eher einem flämischen Meister, nämlich Peter Snayers, zuschreiben, von dem es in Farbe und Zeichnung viel Charakteristisches hat.

Auf Holz; Höhe 26, Breite 36cm.

VERBOOM (W.),

thätig um 1650.

155. *Im Walde.*

Rings von hohen Baumgruppen eingeschlossen schreitet auf dem am Ufer eines Wassers sich hinziehenden Waldweg ein rothgekleideter Jäger mit seinen Hunden; im Hintergrunde zwei andere Fussgänger.

Der Schöpfer dieses ansprechenden Bildes ist wahrscheinlich identisch mit dem unter Ruisdael'schen Einflüssen malenden Amsterdamer Künstler Adriaen H. Verboom, welcher nach A. Bredius 1628 dort geboren wurde.

Links im Waldesdickicht die Bezeichnung: W v. boom

Auf Holz; Höhe 69, Breite 53cm.

VICTORS (JAN),

geb. zu Amsterdam 1620; † ebendaselbst nach 1672.

156. *Das Opfer Abrahams.*

An dem waldigen Abhange einer von der Abendsonne warm beleuchteten Landschaft im Vorgrunde der weissbärtige, mit dunkelsammetnem, pelzverbrämtem Gewande und weissem Turban bekleidete Abraham im Gespräch mit seinem schwarzlockigen, einen grüngestreiften Kittel tragenden Sohn Isaac, welchen er umschlungen hält. Daneben links auf einem Backsteinheerde Holzscheite und ein Feuerbecken.

Gutes Werk, tüchtig im Colorit, warm in der Beleuchtung und bestens erhalten. Unten in der Mitte eine gefälschte Rembrandt-Bezeichnung.

Auf Leinwand; Höhe 94, Breite 88 cm.

VLIEGER (SIMON DE),

geb. zu Rotterdam um 1600; † ebendaselbst um 1660.

*157. *Holländische Küste.*

Im Vordergrunde das von Kriegsschiffen und anderen Fahrzeugen belebte, stark bewegte Wasser; links in einem Boot zwei Fischer, ihre Netze einziehend. Im Hintergrunde die Küste mit den Thürmen und Häusern einer Stadt. Darüber reiche Wolkenscenerie mit aufziehendem Gewitter.

Ein vorzüglich erhaltenes, in Bezug auf naturwahre Stimmung und Färbung hervorragendes Werk aus des Meisters früher Zeit.

Unten rechts auf einer Boje bezeichnet: S DE VLIEGER

Auf Holz; Höhe 83, Breite 112 cm.

Photographirt bei Franz Hanfstängl (München).

VOS (PAUL DE),

geb. zu Hulst 1590; † zu Antwerpen 1678.

158. *Der Hahnenkampf.* (Siehe Abbildung.)

Auf dem freien Platze vor einem in der Landschaft rechts zwischen Baumgruppen liegenden Bauerngehöfte sieht man im Vordergrunde links Haushahn und Puter in heftigem Kampfe, daneben in der Mitte die mit ihren Küchlein flüchtende Henne, während eine zweite, rechts auf einem Hühnerkorbe stehend, dem Kampfe der Hähne zuschaut.

Tüchtiges, durch seinen hellen Ton für Paul de Vos besonders charakteristisches Werk von nicht unbedeutender Kraft in Zeichnung und Composition und von treuer Wiedergabe der Natur.

Auf Leinwand; Höhe 113, Breite 166 cm.

WET (J. DE) Rembrandts Schüler,

thätig etwa von 1630–1676.

159. *Die drei Männer im feurigen Ofen.*

Im Vordergrunde eines von antiken Gebäuden umgebenen, weit vertieften Platzes, aus dessen Mitte sich die colossale Statue des Götzenbildes erhebt, sitzt rechts unter hohem Thronhimmel der König Nebukadnezar, umgeben von den Gewaltigen des Landes und von einer Masse Volkes, welches den Thron umlagert. Aller Blicke und Geberden sind den drei Männern entgegen gerichtet, welche in Begleitung eines Engels dem auf der linken Seite des Bildes sichtbaren Flammenheerd des feurigen Ofens entstiegen sind.

Figurenreiches, in etwas auch an Knupfer erinnerndes Werk der Rembrandt-Schule.

Auf Holz; Höhe 72, Breite 102 cm.

*160. *Flusslandschaft.*

Die von links nach rechts hügelig ansteigende, von der Abendsonne beleuchtete Landschaft wird von einem Fluss durchschnitten, aus dessen waldigem Ufer eine Gebäulichkeit hervorschaut. Von rechts in den Fluss stürzend ein kleiner Wasserfall, in dessen Nähe ein Hirt mit seiner Heerde, während auf einem Boote Leute mit ihrem Vieh auf der Heimfahrt begriffen sind.

Das im Ton ausserordentlich warm gehaltene, breit und tüchtig gemalte Bild gehört in landschaftlicher Beziehung zu den seltneren Werken dieses Rembrandt-Schülers.

Unten rechts bezeichnet: J. D Wet

Auf Holz; Höhe 52, Breite 70 cm.

161. *Elias bittet Gott um ein Zeichen.*

Im Vordergrunde einer felsigen Landschaft rechts der Opferaltar mit dem Holzstoss, um welchen Männer und Frauen, theils stehend, theils knieend, mit staunender Geberde, den Blick nach dem Feuerstrom gerichtet, der sich von der Felswand auf den Holzstoss herabstürzt und um welchen der in der Mitte des Volkes stehende reichgekleidete Elias gefleht hat. Auf dem Fussboden allerlei kostbare Gefässe; weiter links die herandrängende Menge.

Ein für de Wet durchaus charakteristisches Werk.

Unten rechts bezeichnet: Jr. De Wet 1676

Auf Holz; Höhe 48, Breite 63 cm.

WEYDEN (ROGER VAN DER), Schule,

XV. Jahrhundert.

162. *Maria mit dem Kinde.*

Kniestück auf braunem Grunde. Sie ist, mit einem rothen Unter- und grünem Obergewande und mit einem weissen Kopftuch bekleidet, in lang herabwallendem, gescheiteltem Haar dargestellt, im Begriff, dem auf ihrem Schoosse sitzenden, einen Apfel in dem Händchen haltenden nackten Jesusknaben die Brust zu geben. Oben zwei geflügelte, in bläuliche Gewänder gekleidete Engelsgestalten, welche über dem Haupte der Maria eine goldene Krone halten.

Ganz charakteristisches Schulbild.

Auf Holz; Höhe 47, Breite 31 cm.

WILLAERTS (ADAM),

geb. zu Antwerpen 1577; † wahrscheinlich zu Utrecht um 1665.

163. *Marine.*

Rechts die mit Thürmen, Mauern und Castellen befestigte Küste; im Vordergrunde der von Soldaten und Strandbewohnern belebte Damm. Links die leichtbewegte, mit reichgetakelten Schiffen und kleineren Booten besetzte See. Grauwolkiger Himmel.

Das Bild ist vorzüglich erhalten und von einer selten schönen Qualität.

Unten rechts bezeichnet: A. W. f.

Auf Holz; Höhe 54, Breite 85 cm.

WOUWERMAN (JAN),

geb. zu Haarlem 1629; † ebendaselbst 1666.

*164. *Landschaft.*

Rechts hügeliges Terrain; ein breiter Weg, über dem im Vordergrunde ein umgestürzter Baum liegt, führt zu mehreren Hütten; auf demselben zwei Reiter in Unterhaltung, sitzende Frau mit zwei Kindern und Hund und ein von den Hütten her kommender Mann. Links ein beiderseits von Hügeln begrenzter Fluss, auf dem ein Boot; auf einem Ufervorsprung rechts hohe Baumgruppe.

Ein Cabinetstück von feinster Ausführung, vornehmer Farbengebung und vorzüglicher Erhaltung.

Unten fast in der Mitte bezeichnet: Jwouwerman

Auf Holz; Höhe 38, Breite 55 cm.

Collection Comte Potocki (Paris).

ZEEMAN (REJNIER NOOMS gen.),

geb. zu Amsterdam 1612; † nach 1663.

165. *Blick in eine holländische Stadt.* (Siehe Abbildung.)

In der Mitte und den ganzen Vordergrund einnehmend der bildeinwarts gehende, von Booten und Frachtschiffen belebte Canal, über welchen im Mittelgrunde eine Holzbrücke führt. Am Ufer rechts eine Gruppe speicherartiger Gebäude, links mehrere von dem langgestreckten Dache und dem hohen Thurme einer Kirche überragte Häuserreihen.

Dieses in Farbe und Beleuchtung der Meisterschaft des van der Meer de Delft sehr nahe stehende, gut erhaltene Werk zählt wohl unstreitig zu den hervorragendsten Schöpfungen Zeemans. Besonders schön die fast Ruisdael'sche Luft und die überaus malerische Gesammtwirkung.

Unten rechts auf einer Schiffsplanke bezeichnet: R. Zeeman. Aº 1654

Auf Leinwand; Höhe 38, Breite 48 cm.

Erwahnt in: Woltmann-Woermann, Geschichte der Malerei III. Band 2 Seite 761.
Photographirt bei Franz Hanfstängl (München).

ZICK (JANUARIUS),

geb. zu München 1733 oder 1734; † zu Ehrenbreitstein (Coblenz) 1797.

166. *Schäferscene.*

Im Vordergrunde einer idyllischen Landschaft sitzt auf dem Becken eines mit liegender Statue geschmückten Brunnens der Hirt, die junge bei ihm stehende Schäferin an sich schmiegend; daneben der Hund und einige Schafe. Links über einen Fluss Blick in die gebirgige Landschaft.

Anmuthiges Bild von heller Färbung und guter Erhaltung.

Unten rechts in der Ecke bezeichnet: J. Zick invent pinxt

Auf Leinwand; Höhe 55, Breite 43 cm.

1892.

www.ingramcontent.com/pod-product-compliance
Lightning Source LLC
Chambersburg PA
CBHW030849270326
41928CB00008B/1288

* 9 7 8 3 7 4 3 6 5 8 6 0 8 *